인공지능과 통·번역

AI문고

인공지능 시대입니다. 기계가 인간의 인지를 대신하고, 사물이 인간을 통하지 않고 다른 사물과 직접 커뮤니케이션합니다. 이에 따른 인간 삶과 문명 변화를 정확히 이해 · 예측 · 대응하는 것은 이 시대 우리 모두의 과제입니다. AI문고는 인공지능 기술과 환경의 여러 주제를 10가지 키워드로 정리합니다. 관련 개념과 이론, 학계와 산업계의 쟁점, 우리 일상의 변화를 다룹니다. 인간과 기술의 현재, 미래를 세심히 분석합니다.

일러두기

- 인명, 작품명, 저서명, 개념어 등은 한글과 함께 괄호 안에 해당 국가의 원어를 병기했습니다.
- 외래어 표기는 현행 어문규정의 외래어표기법을 따랐습니다.

처음이세요?

전문가세요?

인공지능과 통·번역

진실희

대한민국, 서울, 커뮤니케이션북스, 2025

인공지능과 통·번역

지은이 진실희
펴낸이 박영률

초판 1쇄 펴낸날 2025년 10월 16일

커뮤니케이션북스(주)
출판 등록 2007년 8월 17일 제313-2007-000166호
02880 서울시 성북구 성북로 5-11
전화(02) 7474 001, 팩스(02) 736 5047
commbooks@commbooks.com
www.commbooks.com

ISBN 979-11-430-1175-6 03500

책값은 뒤표지에 표시되어 있습니다.

차례

AI 시대, 통·번역의 새로운 패러다임

2025년 5월, 스위스 제네바에서 열린 세계보건총회 회의장. 세계보건기구(WHO)는 사상 처음으로 AI 동시통역 시스템을 도입해 회의를 진행했다. 수백 명의 각국 대표단이 귀에 이어폰을 꽂은 채, 인간 통역사 없이 이뤄지는 실험적 시도를 지켜보고 있었다. 그러나 회의가 시작되고 얼마 지나지 않아 여기저기서 이마를 찌푸리는 모습이 보였다.

"더 브라운 러셀(the brown Russell)."

AI 통역기로부터 흘러나온 이 황당한 말에 장내가 술렁였다. 연단의 연사는 분명 '브루나이 다루살람(Brunei Darussalam)'이라고 말했는데, 통역기는 전혀 엉뚱한 결과를 내놓았기 때문이다. 몇몇 대표단은 당혹스러운 얼굴로 서로를 쳐다보았고, 웅성거림이 퍼져 나갔다. 하지만 이는 시작에 불과했다. 연설이 계속되자, 이번에는 AI 통역이 뜬금없이 침묵하다가 한참 뒤에야 통역 결과를 내놓았다. 그 지연 시간은 무려 23초에 달했다. 정적이 흐르는 동안 발언자는 이미 다음 내용으로 넘어간 뒤였다. 혹시 기기가 고장 났나 싶어 이어폰을 만져 보는 이들도 있었다. 그러나 통역기는 멈춘 것이 아니라 연사의 속도를 따라가지 못해 한참 늦게 쫓아가고 있었던 것이다.

그러던 중 더욱 아찔한 순간이 찾아왔다. 팔레스타인 정세에 관한 한 연설에서 연사가 테러에 대한 발언을 하는 맥락에서 '하마스(Hamas)'를 언급했는데, AI 통역은 이를 '미합중국(United States)'으로 오역한 것이다. 이 한마디 오역에 일순간 공기가 얼어붙었다. 자칫하면 외교적 마찰이나 큰 혼선을 빚을 뻔한 순간들이 이어졌다. 이뿐만이 아니었다. 같은 세션에서 보건 주제가 논의되던 중에는 '간염(Hepatitis)'이 '에볼라(Ebola)'로 잘못 번역되는 황당한 실수도 나왔다. AI 통역기가 내뱉은 말 한마디가 공중 보건 비상사태에 대한 잘못된 경보로 이어질 뻔한 것이다.

위 장면은 한 국제기구의 AI 통역 평가 보고서의 내용을 토대로 실제 상황처럼 각색한 것이다. 평가 대상은 WHO의 6개 공용어(영어, 프랑스어, 중국어, 아랍어, 스페인어, 러시아어)에 걸친 90개 언어 쌍의 AI 통역 결과였다. 상용 AI 통역 플랫폼 워들리(Wordly)를 활용했고, 최대 185wpm(185 Words Per Minute: 분당 185단어를 말하는 발화 속도), 기술 용어, 감정 표현, 문화소, 숫자 및 고유명사 등 국제회의 현장의 조건을 최대한 살려 재연되었다. 통역 결과는 WHO 내부 언어 전문가 및 제네바대학교 교수진이 유엔 시험 기준에 따라 평가했다.

그 결과는 꽤나 충격적이다. 전체 결과물의 평균 점수는 46%에 그쳤으며, 90개 언어 쌍 중 기준 점수(75%)를 넘긴 경우는 단 1건뿐이었다. 중국어 관련 언어 쌍은 평균 40% 수준에 불과했고, 모든 연설에서 최소 1건 이상의 '평판 리스크'(말하는 사람의 신뢰도 훼손, 국가명 오류, 문화적 모욕 등이 발생할 위험) 관련 문제가 나타났다. 성차별 발화는 물론 '70% 감축'이 '70%로 증가'로 잘못 옮겨져 의미가 완전히 반대가 된 사례도 있었다. 결국 WHO는 이런 위험성을 무겁게 받아들여, 국제회의 같은 중요한 자리에서는 AI 통역 사용을 삼갈 것을 권고했다. 핵심 메시지의 정확성과 외교적 민감성이 요구되는 상황에서는 기계에 의존하는 것이 너무 위험하다는 결론이었다.

이 사례는 우리에게 무엇을 시사하는가? 인공지능 통·번역의 시대가 왔다고들 하지만, 그 한복판에서도 인간 통역사의 존재 이유는 분명히 건재하다는 사실이다. 불과 몇 해 전만 해도 상상조차 힘들던 수준으로 AI 번역 기술이 발전해, 많은 사람들이 스마트폰 앱으로 외국어 소통을 해결하고 있다. 실제로 간단한 여행 회화나 일상적인 문자 번역에는 AI가 유용한 도구가 되어 주고 있다. 그러나 WHO의 실험 결과는 AI 통·번역의 현황을 분명히 말해 준다.

언어는 인간의 사고와 문화가 응축된 복합체다. 단순히 단어를 치환한다고 해서 온전한 소통이 이뤄지지는 않는다. 뉘앙스, 맥락, 문화적 함의까지 아우르는 복잡한 소통의 세계에서는 아직 인간의 직관과 판단력을 따라올 기계가 없다. 노련한 통역사는 낯선 고유명사가 튀어나와도 재빨리 맥락으로 유추해 내고, 필요한 경우 순간적으로 설명을 덧붙여 청중의 이해를 도모한다. 또한 유능한 통역사는 화자의 말투와 표정, 몸짓까지 살펴 가며 숨은 뜻과 정서를 읽어 낸다. 그에 따라 어조와 표현을 조절해 청중의 신뢰와 공감을 얻어 낸다. 반면 기계 통역은 그런 섬세한 조율이 불가능하다. 심지어 기계 음성의 밋밋한 톤은 발언의 감동과 설득력을 반감하기도 한다. 결국 중요한 순간일수록 우리는 다시 인간을 찾게 된다.

그럼에도 일각에서는 AI 기술에 대한 막연한 믿음과 과신이 퍼져 있다. 언론에서는 연일 "AI가 인간 통역사를 대체할 것인가"라는 자극적인 헤드라인이 눈길을 끌고, 실제로 일부 지방 의회에서는 회의 통역을 AI로 처리해 보겠다는 시도가 화제가 되기도 했다. 심지어 해외에서는 법정에서 증언 통역을 AI에게 맡기거나 병원에서 환자의 의무 기록을 기계 번역에 의존하는 방안을 두고 논의가 이뤄지기도 했다. 겉보기엔 비용 절감과 편의성 측면에서 솔깃한 이야기일지 모르나, 언어의 미묘함을 간과한 위험천만한 발상이다.

앞서 살펴본 WHO의 실험 결과만 보더라도, AI 통역의 오류는 한순간에 국가 간 오해를 불러일으킬 수 있고, 잘못된 의료 정보 전달은 환자의 생명을 위협할 수 있다는 것을 알 수 있다. 일선 통·번역 전문가들과 언어 분야 종사자들이 이러한 시도를 우려 섞인 눈으로 지켜보는 것도 당연한 일이다. 미국번역가협회(ATA) 등 관련 단체는 "AI로 숙련된 통역사를 대체하는 것은 시기상조이며 위험하다"는 입장을 공식적으로 밝히고 있다.

그렇다면 AI 시대의 통·번역, 우리는 무엇을 준비하고 어떻게 대응해야 할까? 이 책은 바로 그 질문에 답하기 위해 쓰였다. AI 시대의 언어 혁명 앞에서, 우리는 다시 근본적인 물음을 마주하게 된다. 과연 언어란 무엇이며, 기계가 언어를 옮긴다는 것과 인간이 말을 주고받는다는 것의 차이는 어디에 있을까?

기계 번역이 엄청난 양의 텍스트를 순식간에 처리할 수는 있지만, 한 편의 시가 주는 울림이나 유머 한마디에 담긴 속뜻까지 제대로 옮길 수 있는가? 언어는 단어와 문법의 조합을 넘어, 그 이면에 인간의 문화와 감정, 맥락이 녹아 있는 복합체다. 이 점에서 기계와 인간의 결정적 차이가 드러난다.

첨단 AI가 언어를 곧잘 처리하게 된 오늘날에도 우리가 인간 통·번역의 가치를 재발견해야 하는 이유가 여기에 있다. 결국 언어를 통해 진정으로 이어 주는 것은 단어가 아닌 인간의 마음과 의식이기 때문이다. 바로 이러한 문제의식에서 이 책 《인공지능과 통·번역》이 기획되었다. AI 통·번역 기술의 급진전에 따른 문명적 전환기 한가운데서, 우리는 언어를 매개로 살아가는 인간의 의미를 다시 생각해 보고자 한다. 참고로 본서에서 '통·번역'은 기계 번역과 구별되는 인간 전문가의 통역·번역 서비스 전반을 포괄하는 광의의 용어로 사용된다. 문맥에 따라 '통역'과 '번역'을 구분하되, 기계 번역/AI 통역과의 비교 대목에서는 '통·번역/통역/번역'을 혼용할 수 있으며 이때 '통 · 번역'은 원칙적으로 인간 전문가에 의해 수행되는 서비스를 의미한다.

책의 구성

이 책은 총 10장으로 구성되어 과거부터 현재까지 이어지는 기계 번역의 흐름을 짚어 보고, 인간 통 · 번역과 AI 번역의 차이를 조명하며, 다가올 미래에 인간 번역가는 어떤 역할을 할 수 있을지 성찰하는 여정을 그리고자 한다. 각 장은 하나의 이야기로서 이어지면서도, 일관되게 인간과 기계의 공존이라는 화두가 놓여 있다.

먼저 1장 "AI 통 · 번역 기술의 역사와 현재"에서는 기계 번역과 통역 기술이 어떻게 시작되어 어디까지 발전해 왔는지 그 역사적 여정을 살펴본다. 2차 세계대전과 냉전 시대의 초창기 기계 번역 실험에서부터, 인터넷 보급 이후 통계적 번역의 부상, 그리고 최근의 딥 러닝 혁명에 이르기까지, AI 번역의 발전사를 돌아보며 현재 우리가 서 있는 지점의 의미를 짚는다. 이 장을 통해 독자들은 오늘날의 번역 AI가 수십 년간의 연구와 실패, 그리고 성과의 축적 위에 세워진 것임을 알게 된다.

이어지는 2장 "인간 통 · 번역과 AI 통 · 번역의 차이점"에서는 본격적으로 기계 대 인간의 번역 방식을 비교

한다. 기계는 빅데이터를 바탕으로 확률적으로 가장 그럴듯한 번역문을 산출하지만, 인간 번역가는 맥락과 의도를 종합적으로 해석해 의미를 재창조한다는 점에서 다르다. 이 장은 직관과 감성, 창의성이 결합된 인간 번역의 고유한 프로세스를 탐구하며, 기계 번역과의 근본적인 차이를 부각한다.

3장 "AI 통·번역 사용 시 유의점"에서는 이제 실생활 속에서 AI 번역을 어떻게 현명하게 활용할 것인가라는 실용적인 문제를 다룬다. 앞서 언급한 차이를 인지하면서도, 우리 대부분은 AI 번역기를 사용할 것이다. 그렇다면 어떤 점을 주의해야 할까? 이 장에서는 번역 결과물에 나타나는 대표적인 오역의 유형과 실제 사례들을 살펴봄으로써, AI 번역의 장단점을 균형 있게 이해하도록 돕는다.

4장 "인간 통·번역이 필요한 경우"에서는 여전히 인간 번역사가 더 나은 성과를 내는 영역들을 다룬다. 문학 번역처럼 맥락과 뉘앙스가 중요한 작업, 법률이나 의료 분야처럼 정확성이 생명인 작업, 외교나 비즈니스처럼 사소한 뉘앙스 차이도 큰 영향을 미칠 수 있는 상황에서는 인간 통·번역의 역할이 필수임을 논한다.

5장 "AI와 통·번역 전문가의 협업 모델"에서는 인간 번역사와 AI가 공존하며 시너지를 낼 수 있는 다양한 협업 방식을 소개한다. 포스트에디팅(Postediting, 후편집), 인공지능 통·번역 관리, 다중 언어 프로젝트 관리 등 인간과 AI가 역할을 분담해 각각의 강점을 살리는 방향으로 협업하는 사례들을 살펴본다.

6장 "AI 시대, 통·번역 전문가의 새로운 역할"에서는 기술 발전과 함께 변화하는 통·번역 전문가의 위상과 업무를 조명한다. AI를 도구로 활용하는 번역사의 새로운 전문 분야, 예컨대 언어 데이터 전문가 등의 등장을 소개하고, 전통적인 통·번역사들이 새로운 시대에 적응하며 가치를 더할 수 있는 방법을 모색한다.

7장 "AI 통·번역과 윤리의 문제"에서는 기계 번역이 가져오는 윤리적 쟁점을 다룬다. AI 번역에서 발생할 수 있는 편향과 차별의 문제, 개인정보 보호 이슈, 그리고 기계 번역 오용으로 인한 사회적 책임의 문제 등을 논의한다. 아울러 AI 번역 결과에 대한 책임 소재와 투명성 확보의 중요성을 강조한다.

8장 "AI 통·번역과 교육의 변화"에서는 통·번역 교육 현장에서 일어나고 있는 변화를 살펴본다. AI 보조 도구의 등장으로 번역 훈련 방식이 어떻게 달라지고 있는지, 통역 훈련에서 AI 기술이 어떻게 활용되는지 등을 소개한다.

9장 "미래의 통·번역 산업 전망"에서는 거시적인 산업 동향과 미래 예측을 다루는데, AI 기술의 발전이 통·번역 업계 구조를 어떻게 재편하고 있는지 구체적인 데이터를 통해 살펴본다. 이를 바탕으로 향후 10년, 20년 뒤 번역 산업 지형도를 예측하며, 기술과 사람이 조화를 이루는 지속 가능한 산업 모델을 모색한다.

그리고 대미를 장식하는 10장은 한 걸음 물러서서 통·번역의 본질을 성찰하는 철학적 에필로그다. AI가 발달할수록, 역설적으로 통·번역이라는 행위의 인간적 본질이 더욱 중요해지고 있다. 이 장에서는 언어란 무엇이며 통·번역이란 무엇인지 근원적인 질문을 던지고, 언어를 매개로 타인과 세계를 이해하는 인간의 역할을 성찰한다.

참고문헌

American Translators Association(ATA)(2025.6.23). Think AI should replace interpreters? Think again, https://www.atanet.org/advocacy-outreach/think-ai-should-replace-interpreters-think-again/

McCollum, R.(2025.6.25). WHO report: AI fails all simultaneous interpretation tests. *Conference Interpreter,* https://conferenceinterpreter.com/ai-and-remote-simultaneous-interpretation-in-dominican-republic/

01
AI 통·번역 기술의 역사와 현재

인공지능과 통 · 번역 기술의 역사는 결국 인간 언어 능력의 확장을 추구해 온 여정이다. 그리고 그 여정은 이제 새로운 국면으로 접어들었다. 눈부신 AI 번역기의 발전을 흥미롭게 따라가면서도, 우리가 궁극적으로 추구해야 할 목표는 분명하다. 기술과 인간이 조화를 통해 언어로 서로를 깊이 이해하는 미래, 그 미래를 향해 우리는 오늘도 한 걸음을 내딛고 있다.

기후 위기와 인공지능?

바벨탑이 무너지던 날

한때 인류는 하늘까지 닿는 탑을 쌓아 모두가 하나의 언어로 소통하고자 했지만, 결국 언어의 혼란 속에 그 꿈은 무너졌다. 성경 속 바벨탑 이야기에서, 하나의 언어를 쓰던 인류는 '금기'의 탑을 세우다 서로 말이 통하지 않아 흩어지는 벌을 받는다. 이 상징적 장면은 '소통이란 무엇인가?'라는 근본 질문을 우리에게 던진다. 말이 통하지 않을 때 우리는 타인을 온전히 이해할 수 있는가? 바벨탑의 붕괴 이후 긴 세월, 서로 다른 언어의 장벽은 인류를 분절시켜 왔고, 동시에 그 장벽을 넘어 보려는 끝없는 도전을 자극해 왔다.

바벨탑이 무너진 이후, 갈라진 언어를 다시 잇기 위한 인류의 지난한 노력이 시작되었다. 우리가 찾아낸 해법은 다름 아닌 서로 다른 언어를 잇는 사람, 즉 통역사였다. 통역은 인류 역사상 가장 오래된 직업 중 하나로 꼽힌다. 문자 체계가 생기기 전부터 이미 다른 언어로 의미를 전달하는 일이 이뤄져 왔기 때문에 통역은 번역의 역사에 비해 훨씬 길다고 볼 수 있다. 언어가 달랐던 순간에도, 사람은 서로의 말을 알아들어야 했다. 피라미드의 그림자 아래, 국경 넘어 다가온 이방인의 말을 대신 해석해서 전달한 자들이 있었다고 한다. 또한 왕의 귀에 선

언어를 속삭여 넣던 이들을 페르시아 제국에서는 '혀의 사람들'이라고 불렀다고 전해진다. 광활한 대륙을 하나의 법으로 다스리기 위해, 그들은 수많은 언어의 경계를 넘나들었을 것이다.

20세기, 전쟁의 폐허 위에 새로운 질서를 세우려는 인류의 몸부림 속에서, 그들은 다시 불려 나왔다. 평화 유지라는 궁극의 목적으로 유엔이라는 이름 아래 세계가 한 회의장에 모였고, 본격적인 다중 언어 소통의 시기가 시작되었다. 통역사는 이제 단순한 소통의 중개인을 넘어, 외교와 평화 유지, 협상과 갈등의 최전선에서 세계를 지탱하는 또 하나의 전문가로 자리 잡았다. 마이크를 낀 채 밀폐된 통역 부스에서 실시간으로 말을 옮기고, 한 문장을 수십 개 언어로 번역하며 글로벌 경제를 가능케 한 그들. 냉전의 장막 속에서도, 국제회의의 조율자이자 다국적 기업과 문화 콘텐츠의 숨은 건축가로, 통·번역사들은 조용히 그러나 확실히 이 시대의 역군이 되었다.

그리고 긴 세월이 흘러 오늘날 인류는 스스로가 만들어 낸 인공지능으로 서로 다른 언어와 문화권 사이의 언어 장벽을 무너뜨리기 위한 도전을 이어 가고 있다.

인공지능 통·번역 기술의 발전 과정

컴퓨터가 처음 등장한 20세기 중반부터 인간은 언어 장벽을 기계로 허물 수 있으리라는 기대를 품었다. 1954년 미국에서 열린 조지타운(Georgetown)-IBM 시연은 러시아어 문장을 영어로 자동 번역해 내며 세상을 놀라게 했다. 이 초기 기계 번역 시스템은 일련의 규칙 기반 프로그램으로, 사람이 입력한 문법 및 사전 규칙에 따라 작동했다. 그러나 어휘 수가 몇백 개에 불과했던 이 실험은 잠재력을 보여 준 동시에 기계 번역이 얼마나 어려운 과제인지를 드러냈다.

곧이어 쏟아진 투자에도 불구하고, 1966년 미국 ALPAC(Automatic Language Processing Advisory Committee, 자동언어처리 자문위원회) 보고서는 기계 번역의 성능이 기대에 미치지 못하며 실용성이 떨어진다고 평가했다. 당시 실험한 1세대 기계 번역은 규칙 기반 기계 번역(RBMT, Rule-Based Machine Translation)으로 가장 고전적인 기계 번역의 방식이다.

1980년대 후반 IBM 연구진은 캐나다 의회 회의록처럼 방대한 영어-프랑스어 병렬 코퍼스(corpus)를 컴퓨터에 학습시키는 실험을 했다. 그 결과 컴퓨터는 단어와 문장의 대응 확률을 계산해 새로운 문장을 번역하는 데

성공했고, 이는 곧 IBM 모델이라 불리는 통계 기반 기계 번역(SMT, Statistical Machine Translation)의 토대가 되었다. 이 접근에도 약점은 있었다. 우선 좋은 번역을 하려면 학습에 쓸 방대한 양의 번역문 데이터가 필요했다. 유럽연합처럼 공용어 간 공식 문서가 많이 축적된 환경에서는 성능이 좋았지만, 데이터가 부족한 언어 쌍이나 분야에서는 여전히 엉뚱한 번역을 내놓았다. 문장 단위로 번역을 처리하기 때문에 긴 문맥을 반영하기도 어려웠다.

2016년에는 인공지능의 딥 러닝 혁명이 번역에도 적용되면서, 신경망 기계 번역(NMT, Neural Machine Translation)의 시대가 열렸다. 신경망 기계 번역은 인간 두뇌의 뉴런 연결을 모방한 다층 신경망이 문장 전체를 한꺼번에 벡터로 변환해 번역을 생성한다. 통계 모델이 문장을 조각내어 번역했다면 신경망 모델은 문장을 통째로 바라보는 셈이다. 그 결과 앞뒤 맥락에 어울리는 유려한 번역 문장이 나오는 경우가 많아졌다. 또한 학습 데이터에 없는 문장도 일반화된 언어 패턴을 바탕으로 그럴듯하게 번역하는 능력이 향상되었다.

이론적으로는 매우 정확한 직역이 가능하지만, 예외 상황에 취약하고, 새로운 표현에는 무력하며, 언어 쌍마다 방대한 규칙 설계와 유지 보수가 필요한 단점이 있었다. 또한, 입력 문장에 없는 내용이 번역문에 멋대로 추가되거나 임의 변형되는 '환각(Hallucination)' 현상이 발생했다. 이는 신경망 모델이 문장 생성 과정에서 확률적으로 근거 없는 추론을 해 버리기 때문인데, 초기에는 이런 황당한 오역 사례들이 회자되기도 했다.

과거 규칙 기반 시스템은 사람이 짠 규칙이라 왜 그렇게 번역했는지 설명할 수 있었고, 통계 시스템도 확률 근거를 제시할 수 있었다. 그러나 신경망의 내부 결정은 특정 번역이 나온 과정을 사람이 이해하거나 수정하기 어려운 이른바 '블랙박스(black box)'에 가까웠다. 이는 결국 이해할 수 없는 변수로 인해 예측할 수 없는 시점에 오류가 발생할 수 있다는 것을 의미한다.

2020년대에 들어서 생성형 AI, 그중에서도 대규모 언어 모델(LLM, Large Language Model)이 등장했다. 방대한 데이터로 훈련된 대규모 언어 모델은 인간 언어의 패턴과 지식을 광범위하게 내재화하고 있어, 번역 역시 별도 설계 없이도 처리할 수 있게 되었다. 2022년 말 공개된 챗GPT(ChatGPT)는 대화형 AI로 큰 반향을 일으켰는데, 사용자들은 이 모델이 여러 언어로 신속하게 번역해 내는 모습에 또 한 번 놀랐다.

사실 챗GPT의 기반인 GPT-3.5 모델은 애초에 번역 전용으로 만들어지지 않았지만, 문맥 이해와 추론 능력을 바탕으로 그럴듯한 번역을 뽑아내기 시작했다. 이어 2023년 GPT-4 모델이 선보이자, 번역 품질은 더 정교해졌다. 특히 문장 수준에서 오역 빈도가 현저히 감소해, 가장 오류가 적은 번역기로 꼽히기도 했다. LLM 기반 번역이 이전 세대 번역기와 구별되는 점은 문서 전체를 한 번에 다룰 수 있기 때문에 이론적으로는 앞뒤 문맥을 고려한 번역, 통일성 있는 용어 사용, 그리고 문체의 일관성도 유지할 수 있게 되었다.

사람과 AI의 만남

AI 통 · 번역 기술은 일반인의 일상생활에 전례 없이 손쉬운 글로벌 소통을 가능케 해 주면서 우리의 언어 상황을 풍요롭게 만들고 있다. 이제 우리는 모국어로 쓰인 글을 읽듯 외국어 정보를 접하고, 해외 여행지에서도 스마트폰 하나로 현지인과 대화할 수 있는 시대를 살고 있다. 이러한 AI 통 · 번역 기술의 발전은 과연 전문 통 · 번역사들에게 어떤 영향을 미치고 있을까? 일부 상충되는 전망이 있기는 하지만 현재 기준으로 볼 때, 프리미엄(high-end) 통 · 번역 시장에는 AI로 인한 통 · 번역 서비스가 인간 전문가를 대체할 정도로 발전하지는 못했고, 앞으로도 인간 전문성이 설 자리가 남아 있다는 것이 전문가들의 중론이다.

한편, 오늘날 많은 전문가들이 AI를 활용해 자신들의 활동 영역을 확장해 나가고 있다. AI가 기계적 측면을 처리해 주는 만큼, 인간은 언어의 말 그대로 '인간적인' 측면인 맥락의 해석, 문화적 함의의 전달, 윤리적 판단 등에 더욱 집중할 수 있게 된 것이다.

눈부신 AI 번역기의 발전을 흥미롭게 따라가면서도, 우리가 궁극적으로 추구해야 할 목표는 분명하다. 기술과 인간의 조화를 통해 언어로 서로를 깊이 이해하는 미래, 그 미래를 향해, 우리는 오늘도 한 걸음을 내딛고 있다.

참고문헌

ALPAC(1966). *Languages and machines: Computers in translation and linguistics.* National Academy of Sciences, https://nap.nationalacademies.org/catalog/9547/language-and-machines-computers-in-translation-and-linguistics

Brown, P. F. et al.(1990.6). A statistical approach to machine translation. *Computational Linguistics,* 16(2), pp.79-85, https://aclanthology.org/J90-2002.pdf

Hutchins, W. J.(1986). *Machine translation: Past, present, future.*

Ellis Horwood.
Meta(2022.7.6). New AI model translates 200 languages, making technology accessible to more people. Meta Newsroom, https://about.fb.com/news/2022/07/new-meta-ai-model-translates-200-languages-making-technology-more-accessible/
United Language Group(2017). The Georgetown-IBM experiment: MT's first major debut, https://www.unitedlanguagegroup.com/blog/translation/georgetown-ibm-experiment-mt-first-major-debut
Vaswani, A. et al.(2017.6.12). Attention is all you need. *Advances in Neural Information Processing Systems,* 30, pp.5998-6008, *ArXiv,* https://arxiv.org/abs/1706.03762

02
인간 통·번역과 AI 통·번역의 차이점

기계는 방대한 데이터 학습을 통해 놀라운 번역 속도와 일관성을 보여 주지만, 사람은 언어 뒤의 맥락과 뉘앙스를 짚어 내는 섬세함으로 의미의 완성도를 책임진다. AI와 인간 통 · 번역의 협업이 앞으로 통 · 번역 실무의 중심이 되겠지만, 원리적인 차이를 이해하고 각자의 강점을 살릴 때 비로소 최상의 결과를 얻을 수 있을 것이다.

노래하는 AI 보컬?

사람 간 소통의 특성과 AI의 한계

언어는 정보 전달 수단일 뿐 아니라 감정과 인간관계의 매개다. 그렇기 때문에 화자의 감정이 깃든 말이나 상대에 대한 예의 표현, 문화적 맥락이 담긴 대화를 처리하기에는 아직 AI 통·번역의 한계가 있다. 또한 사람의 얼굴 표정이나 목소리 떨림에서 드러나는 미묘한 감정 변화를 읽어야 하기 때문에 같은 문장을 번역하더라도 말의 온기와 진심을 살리기가 어렵다.

정중함과 사회적 맥락도 대화에서 중요한 기능을 한다. 특히 한국어처럼 존댓말 체계가 발달한 언어에서는, 상대방과의 관계나 분위기에 따른 말투 선택이 대화에서 관계 맺기의 핵심이다. 하지만 AI 번역기는 발화자와 청자의 관계 설정이나 문화적 예법을 인식하지 못해 부적절한 높임말이나 반말을 사용하거나, 직역으로 어색한 표현을 내놓는 경우가 있다. 예를 들어 한국어에서 윗사람에게 "너"라고 지칭하지 않지만, 어떤 AI 번역기는 이를 고려하지 못해 상대방에게 무례하게 지칭하는 오류를 범하는 식이다.

인간 통·번역사는 시시각각 변화하는 상황에 맞게 경어체와 친밀한 어투로 조절하지만, 기계는 이러한 상황적 맥락을 반영한 언어 선택이 어렵다. 그 결과 정중함을 요구하는 문맥에서 AI 번역은 어색하거나 실례가 될 수 있는 표현을 만들어 낼 위험이 있다.

문화적 지식 역시 AI의 취약한 부분이다. 언어나 대화에서는 그 사회만의 문화, 역사, 관습이 반영되는데, AI는 훈련 데이터에 없는 문화 배경은 이해하지 못한다. "김칫국 마시다" 같은 관용구뿐 아니라 속담, 은유, 유머, 풍자 등 문화 의존적인 표현은 기계가 그 숨은 뜻까지 살려 실시간으로 벌어지는 대화의 상황적 맥락에 가장 적합한 표현으로 옮기기 어렵다.

또한 어떤 문화권에서는 죽음이나 질병을 직접적으로 언급하는 것이 터부시되어, 인간 통역사는 이런 문화적 소통 방식의 차이를 토대로 내용은 충실히 전달하되 표현 방식은 상대 문화에 맞게 조절할 수 있다. 감정과 문화가 얽힌 소통의 상황일수록 인간 통역사 고유의 가치가 부각된다.

대화의 흐름이나 화자의 숨은 의도를 파악(Read between the lines)하는 능력도 인간의 상대적인 강점이다. 통역사는 발화의 언어적 형태를 초월해서 화자가 말하고자 하는 '의미(sense)'를 이해한 후 재구성한다. 화자의 상황적 맥락과 비언어적 표현은 물론 대화의 흐름을 복합적이고 입체적으로 읽어 내는 직관과 이해력은 인간만이 가지고 있으며, 아직은 기계가 흉내 내기 어렵다.

문화적 조정 능력

인간 번역사는 현지 문화와 정서를 고려해 메시지를 재표현한다. 예를 들어 영어 광고 문구를 한국어로 번역할 때, 직역하면 의미가 통하지 않을 속담이나 언어유희는 과감히 빼거나 해당 문화권의 등가 표현으로 재창조(Transcreation)하기도 한다. 이는 문화적 감수성과 창의력에 기반을 둔 작업이다.

맥락에 따른 의도 해석 vs. 확률적 예측

사람 통역사는 화자가 말하지 않은 숨은 의중까지 파악하려 노력한다. 말투나 억양, 표정 같은 비언어적 단서도 참고해, 겉으로 드러난 언어 이상의 정보를 이해한다. 예컨대 누군가 비꼬는 투로 "참 잘하시겠네요!"라고 하면, 인간 통역사는 빈정거림을 눈치채고 진의에 맞게 전달한다.

이러한 의도 추론과 맥락적 이해는 인간만이 수행할 수 있는 고차원적인 인지 기능으로, 문화적 지식, 사회적 관습, 화자의 성향 등 광범위한 배경 정보와 판단을 요한다. 이처럼 맥락에 따른 의미를 해석하거나 적용하는 화용적(Pragmatic) 소통 능력은 "무슨 뜻으로 이렇게 말했을까?"를 자연스럽게 자문하도록 만든다(Baker, 1992).

현장 대응 능력과 판단력

통역사는 시시각각 변화하는 현장 상황에 맞게 대응할 수 있지만 기계는 말투의 미묘한 변화나 말 사이 맥락을 포착해 적절히 전달하는 것이 어렵다. 대화 도중 듣는 이가 이해하지 못해 생긴 혼선도 인간 통역사는 바로 알아채고 재구성해 준다. 필요하면 표현을 완곡하게 고쳐 전달하거나, 상대 문화권에 맞게 예시를 바꾸어 설명하는 등 기계가 흉내 낼 수 없는 재량을 발휘할 수 있다.

윤리적 판단과 책임 의식

무엇보다 인간 통·번역사는 양심과 전문가로서의 윤리 규범에 따른 상황 판단과 책임 의식을 가지고 임한다. 인간 통·번역사는 상황에 따라 문제가 될 수 있는 차별적 표현, 욕설, 비속어 등의 의미는 옮기되 톤을 적절히 조절하거나 방송 등의 상황에서 돌발 상황이 발생하지 않도록 대응 방법을 고심한다. 또한 대화 중 서로 오해가 생기면 통역사가 직접 발언자에게 재질문을 통해 정확한 의미를 확인하고 중재한다. 이런 행동들은 모두 양심과 전문 윤리 의식에 기반을 둔 순발력과 상황 판단이 근간이다.

종합해 보면 인간은 언어를 통한 의사소통 행위 자체를 이해하지만, AI는 언어 형식을 통계적으로 모방할 뿐이다. 이런 이유로 연구자들이 대규모 언어 모델을 가리켜 "확률적 앵무새(Stochastic parrot)"에 비유하기도 하는데, 이는 앵무새처럼 그럴듯한 말을 반복할 수는 있어도 그 말의 의미와 맥락을 스스로는 모른다는 뜻이다(Bender et al., 2021). 결국 의도와 맥락의 추론 측면에서, 현재까지 AI는 인간 수준의 종합적인 이해에 도달하지 못했고, 이것이 AI 통·번역과 사람에 의해 수행된 통·번역의 근원적인 차이다.

결국 인간 통·번역사가 지닌 직관적 판단력과 윤리 의식은 AI와 결정적으로 구별되는 강점이다. 전문 통역사와 번역사는 단순히 언어를 옮기는 기계가 아니라, 맥락에 맞게 판단하는 의사 결정의 주체인 것이다. 결론적으로 인간 통·번역사의 가치는 단순히 단어를 다른 언어로 바꾸는 정확성을 넘어, 언어에 담긴 문화와 맥락을 읽어 내는 지성, 화자와 청중에 대한 공감과 예의, 상황에 따른 책임 있는 판단력에 기반하고 있다.

참고문헌

마승혜(2017). "기계화되기 어려운 인간 능력과 문학번역 능력 비교 고찰 및 논의". 《통번역학연구》, 21(3), 55-77쪽, https://www.kci.go.kr/kciportal/ci/sereArticleSearch/ciSereArtiView.kci?sereArticleSearchBean.artiId=ART002251122

이창수(2024). "챗GPT, 파파고, 인간 번역가 간의 한영 문학번역 차이점 연구". 《번역학연구》, 25(2), 11-37쪽, https://www.kci.go.kr/kciportal/ci/sereArticleSearch/ciSereArtiView.kci?sereArticleSearchBean.artiId=ART003092847

장혜영(2018). "졸업 연설문에 드러난 스피치의 공감적 요소 분석". 《사고와 표현》, 11(1), 177-213쪽, https://www.kci.go.kr/kciportal/ci/sereArticleSearch/ciSereArtiView.kci?sereArticleSearchBean.artiId=ART002343580

진실희(2017). "Limitations of machine translation: Focused on the role of cognitive complements in human communication". 《통번역학연구》, 21(4), 167-198쪽, https://www.kci.go.kr/kciportal/ci/sereArticleSearch/ciSereArtiView.kci?sereArticleSearchBean.artiId=ART002285349

한승희(2017). "기계번역 인간번역 트랜스크리에이션의 문체비교: 광고 번역을 중심으로". 《통번역학연구》, 21(2), 163-188쪽, https://www.kci.go.kr/kciportal/ci/sereArticleSearch/ciSereArtiView.kci?sereArticleSearchBean.artiId=ART002227306

Baker, M.(1992). *In other words: A coursebook on translation.* Routledge.

Bender, E. M. et al.(2021). On the dangers of stochastic parrots: Can language models be too big? In *Proceedings of the 2021 ACM conference on fairness, accountability, and transparency*, pp.610-623,

https://s10251.pcdn.co/pdf/2021-bender-parrots.pdf
Brown, T. B. et al.(2020.5.28). Language models are few-shot learners. *Advances in neural information processing systems*, 33, pp.1877-1901. *ArXiv*, https://arxiv.org/abs/2005.14165
Gile, D.(1995). *Basic concepts and models for interpreter and translator training*. John Benjamins.
Gutt, E.-A.(2000). *Translation and relevance: Cognition and context*. Routledge, https://discovery.ucl.ac.uk/id/eprint/1317504/1/241978.pdf (Thesis, 1989)
Lederer, M.(1990). The role of cognitive complements in interpreting. In Bowen, D. & Bowen, M.(eds.). *Interpreting: Yesterday, today and tomorrow*, pp.53-60. John Benjamins Publishing Company. *Scientific Research*, https://www.scirp.org/reference/referencespapers?referenceid=2925211
Sperber, D. & Wilson, D.(1995). *Relevance, communication and cognition*. Wiley-Blackwell.
Thiery, C.(1990). The sense of situation in conference interpreting. In Bowen, D. & Bowen, M.(eds.). *Interpreting: Yesterday, today, and tomorrow*, pp.40-43. John Benjamins Publishing Company, https://www.jbe-platform.com/content/books/9789027285997#chapters
Viaggio, S.(2006). *A general theory of interlingual mediation*. Frank & Timme.
Yule, G.(1996). *Pragmatics*. Oxford University Press.

03
AI 통·번역 사용 시 유의점

AI 번역기는 우리에게 편리함과 속도를 제공하지만, 그 이면에 다양한 한계들도 함께 가지고 있다. 오역의 유형을 이해하고, 프리 · 포스트에디팅 체크리스트를 활용해 신중하게 다룬다면, AI 번역을 보다 안전하고 효과적으로 활용할 수 있을 것이다. 번역의 완성은 결국 인간의 몫이라는 말처럼, 최종 단계에서는 신중한 판단과 책임감 있는 마무리가 필요하다.

인공지능과 편향?

주요 AI 번역 도구의 오역 유형과 사례

AI 번역 기술의 발전으로 '이제 사람 번역가가 굳이 필요할까?' 하는 생각이 드는 경우가 있을 것이다. 그러나 비용을 아끼려던 이러한 판단이 오히려 더 큰 비용과 리스크로 돌아온 사례들을 알고 나면 좀 더 신중하게 판단할 것이다.

글로벌 은행 HSBC는 "Assume Nothing"이라는 영어 슬로건을 직역한 현지 캠페인이 나라별로 "Do Nothing(아무것도 하지 말라)"으로 전달되는 바람에 큰 혼선을 빚었다. 결국 HSBC는 전 세계 광고를 철회하고 1천만 달러(약 130억 원)를 들여 브랜드 이미지를 수습해야 했다. 이 사례는 현지 문화와 언어에 대한 깊은 이해 없이 직역을 남용하면 큰 마케팅 실패로 이어질 수 있음을 보여 준다.

공공 부문에서도 비용 절감이나 편의를 이유로 기계 번역을 남용했다가 구설에 오른 사례들이 생긴다. 방송사들이 뉴스에서 구글 번역으로 번역된 지도를 그대로 자료 화면으로 내보내면서 동해(East Sea)가 일본해(Sea of Japan)로 표기되는 사례나, 유튜브 뉴스 영상에 자동 생성된 영어 자막을 검수 없이 올렸다가 정치인의 이름을 잘못 번역해 국제적 망신을 사는 경우들이 발생하기도 한다. 어떤 유아식 기업은 용량에 대한 안내문에 발생한 번역 오류로 인해 대량 리콜을 해야 했다. 이러한 해프닝들은 검증되지 않은 기계 번역에 전적으로 의존하는 위험성을 단적으로 보여 준다.

결국 번역 품질을 값싼 비용이나 빠른 납기에만 의존하면 오역으로 인한 리콜 비용이나 브랜드 손상 비용이 훨씬 더 크게 돌아올 수 있음이 여러 실패 사례로 입증되고 있는 것이다. 분명 AI 번역기는 과거보다 똑똑해졌지만, 여전히 사람의 언어를 완벽히 이해하지 못한다. 다음의 오역 유형이 대표적이다.

첫째, 문맥 오류다. 코로나19 초기, 중국에서 온 안내문 "음성이 양성의 반대말"을 번역기가 제대로 파악하지 못해 '음성(陰性)'을 '음성(音聲)'으로 오인한 경우 등이 좋은 예다. 이러한 문맥 오역은 AI가 문장 전체의 상황과 배경지식을 충분히 이해하지 못해 생기며, 긴 문장이나 대화체처럼 맥락에 따라 의미가 달라지는 경우 특히 빈번하다.

둘째, 다의어 · 중의어 오류다. 한 단어에 여러 뜻이 있을 때 AI 번역기는 그중 하나를 무작위로 골라 번역한다. 이는 다의어나 동음이의어 처리의 한계다. 예를 들어 "사과"라는 단어는 'apple'과 'apology' 두 가지 뜻이 있는데, 문맥을 못 읽으면 오역이 될 수 있다. 문장에서 누가 누구를 가리키는지 애매한 경우도 문제다. 한국어는 "그, 그녀" 같은 주어나 대명사를 자주 생략하기에, AI가 임의로 추측해 버리기도 한다. "나는 어제 동생과 술 한잔했다"라는 문장을 구글 번역기에 넣으면 동생의 성별이 명시되지 않았음에도 "남동생(brother)"으로 단정 짓고, "I had a drink with my brother"라고 번역될 수 있다는 것이다.

셋째, 존댓말 및 어조 오류다. 한국어의 존댓말 체계는 AI 번역기가 다루기 까다로운 요소다. 영어 원문에 상대에 대한 호칭이나 높임 표현이 없으면, 번역기는 한국어로 옮길 때 임의의 높임말 수준을 선택한다. 예컨대 영어 이메일 문장을 번역하면 상대가 누구든 "당신"이라는 2인칭을 사용하는 경향이 있는데, 한국어 "당신"은 듣는 사람에 따라 무례하거나 거리가 먼 사이에서는 어색한 분위기를 조성한다. 대화 상대의 관계나 사회적 맥락을 고려하지 못하고 문법적인 형태만 맞춰 내기 때문에 발생하는 오류다.

넷째, 감정이나 뉘앙스 오류다. 예를 들어 화자가 농담이나 반어법을 쓴 문장에서, AI는 글자 그대로 번역해 버려 유머를 살리지 못하거나 반대로 화자를 실없는 사람으로 만들어 버릴 수 있다.

다섯째, 문화적 차이와 관용 표현의 오류다. 언어에는 그 나라의 문화와 관습이 담겨 있다. 따라서 직역하면 안 되는 관용구나 문화 특유의 표현들이 있는데, AI 번역기는 이를 식별하지 못해 부적절한 번역을 내놓을 때가 있다. 대표적인 예로 한국어 "김칫국부터 마시다"라는 속담, 즉 "실제 일이 일어나기도 전에 너무 앞서 기대한다"는 뜻의 관용구를 챗GPT를 포함한 현행 번역기가 이를 제대로 이해하지 못해 "We're drinking kimchi soup"같이 번역될 수 있다.

여섯째, 의미 누락 및 환각 현상이다. AI 번역은 때때로 원문에 없는 내용을 덧붙이거나, 있어야 할 내용을 빼먹는 오류를 범한다. 예를 들어 최신 생성형 AI 번역의 경우, 유창성이 높지만 원문의 의미를 일부 생략하거나 반대로 없는 문장을 창작해 내는 문제가 더 두드러진다는 지적이 있다. 일부 개발자는 챗GPT 번역에 대해 "원문의 의미를 생략하거나 없는 의미를 과생성하는 문제가 기존 기계 번역보다 심각하게 나타난다"라고 지적한다.

종합하면, AI 번역의 흔한 오역 유형에는 문맥을 잘못 해석하는 오류, 다의어나 중의적 표현을 잘못 옮기는 오류, 존댓말 등 어조를 부적절하게 사용하는 오류, 문화적 차이를 반영하지 못해 발생하는 오류, 원문 의미의 일부를 빼먹거나 반대로 지어내는 오류 등이 있다. 이러한 문제들은 각각 사례를 통해 볼 때 사소한 웃음거리에서 그치기도 하지만, 때로는 중대한 의미 왜곡으로 이어져 큰 혼란이나 피해를 초래할 수 있다. 따라서 AI 번역 결과물을 사용할 때는 이런 대표적인 오류 유형을 유념해 비판적으로 검토하는 습관이 필요하다. AI 번역기 사용자들이 번역 전·후 체크리스트를 참고하면 유용할 것이다.

번역 전 체크리스트

AI에게 원문을 맡기기 전에 출발 언어 텍스트를 다듬는 단계를 프리에디팅(Pre-editing)이라고 한다. 번역기의 약점을 보완해 더 정확한 초벌 번역을 얻기 위한 사전 작업이다.

1. 문장을 명확하게 쓴다. 번역기는 사람처럼 추론하지 못하므로, 애매모호한 표현이나 중의적인 문장은 풀어서 쓴다.
2. "그는 그녀에게 그것을 주었다"처럼 대명사가 많은 문장은 "철수가 영희에게 그 책을 주었다"처럼 주어와 목적어를

넣어 준다.

3. "사과"처럼 여러 의미를 가진 중의어의 경우, "謝過"나 "apple"을 병기한다.

4. 간결하고 문법적으로 정확한 문장으로 고친다.

5. 오탈자나 문법 오류를 수정한다.

6. 긴 문장은 짧게, 복잡한 구문은 피한다.

7. 수동태 대신 능동태를 사용한다.

8. 현재완료보다는 과거 시제를 사용한다.

9. 전문 용어, 약어는 풀어쓴다(예: KPI→Key Performance Indicator).

10. 숫자와 단위(날짜, 통화 단위, 쉼표 위치 등)는 쉼표의 위치 등을 확인하고, 단위는 표준화된 단위로 명확히 표기한다.

11. 고유 명사(브랜드 명 포함)는 철자를 확인한다.

번역 후 체크리스트

프리에디팅을 거쳐 번역기를 돌렸다면, 이제 나온 결과물을 사람의 눈으로 검수하고 다듬는 단계, 즉 포스트에디팅이 필요하다. 포스트에디팅에서 확인해야 할 사항들은 다음과 같다:

1. 핵심 정보가 제대로 옮겨졌는지 확인한다(숫자, 고유 명사, 전문 용어 등).

2. 부정어, 이중 부정, 비교 구문은 의미가 반대로 해석되지 않았는지 확인한다.

3. 필요시 역번역(Back Translation)을 한다. 번역된 결과물을 다시 원래 언어로 번역하는 것을 말하는데, 이렇게 해보면 내용이 정확하게 옮겨졌는지 확인할 수 있다.

4. 교차 검증(Cross-Validation)도 같은 용도로 사용할 수 있는데, 두 번째 번역기를 적용해 내용이 정확하게 번역되었는지 검증하는 방법이다.

5. 번역 투를 확인한다. 자연스럽지 않은 직역이나 번역 투는 수정한다.

6. 문장별 어투, 스타일 일관성을 확인한다.

7. 높임말과 반말이 혼용되어 있지 않은지 확인한다.

8. 전문 용어와 일상 용어가 혼용되어 있지 않은지 확인한다.

9. 누락이나 불필요한 내용 추가 여부를 확인한다. 특히 긴 문장 또는 복잡한 문장은 중간을 누락하거나 엉뚱한 문장으로 번역하는 환각 현상에 유의한다.

10. 문화적으로 민감한 표현 사용 여부를 확인해 오해나 문제의 소지(동해 vs. 일본해 등)가 있는 표현을 수정한다.

11. 톤과 분위기(정중함, 무례함, 친밀감, 거리감 등)가 원문과 맞는지 확인한다.

내용의 중요도에 따라 기계 번역만 사용하고 전문가 의뢰가 어려운 경우, 이상의 포스트에디팅 과정을 통해 기계 번역 결과물을 체계적으로 확인하는 것을 추천한다. 전문 분야의 내용이거나 공식 문서일수록 이런 체크리스트를 활용해 꼼꼼히 다듬어야 안전하다. AI 번역은 훌륭한 보조 수단이지만, 최종 책임은 결국 사용자에게 있음을 명심해야 한다.

참고문헌

김용래(2023.5.28). "'김칫국 마시다' AI 번역했더니… 창조적 수준까지는 한참 멀어". 연합뉴스, https://www.yna.co.kr/view/AKR20230526085700005

남보리(2021). "LSP 관점에서 바라본 기계 번역 포스트에디팅의 전략적 지향점 – 스타일 가이드 지침 연구 및 LSP 기계 번역 서비스 사례". 《번역·언어·기술》, 2, 5-43쪽, https://www.kci.go.kr/kciportal/ci/sereArticleSearch/ciSereArtiView.kci?sereArticleSearchBean.artiId=ART003060492

마승혜(2017). "기계화되기 어려운 인간 능력과 문학번역 능력 비교 고찰 및 논의". 《통번역학연구》, 21(3), 55-77쪽, https://www.kci.go.kr/kciportal/ci/sereArticleSearch/ciSereArtiView.kci?sereArticleSearchBean.artiId=ART002251122

윤신원(2017.12.4). “구글 번역기까지 ‘성차별’ 한다?… 논란 ‘일파만파’”. 아시아경제, https://www.asiae.co.kr/article/2017120416021105218

이국현(2019.6.6). “[주목! 이사람] ‘높임말 번역’ 개발한 박은정 네이버 파파고 테크리더 ‘기술로 언어 장벽 낮추고파’”. 뉴시스, https://www.newsis.com/view/NISX20190605_0000672762

이상빈(2018). “학부 번역전공자의 구글 기계 번역 포스트에디팅에 관한 현상학 연구”. 《통번역학연구》, 22(1), 117-143쪽, https://www.kci.go.kr/kciportal/ci/sereArticleSearch/ciSereArtiView.kci?sereArticleSearchBean.artiId=ART002319306

정재혁(2023). “영한 포스트에디팅과 인간 번역의 정확성 비교 – 정확성 오류 검증을 중심으로”. 《통번역학연구》, 27(3), 177-201쪽, https://www.kci.go.kr/kciportal/ci/sereArticleSearch/ciSereArtiView.kci?sereArticleSearchBean.artiId=ART002989426

정재혁(2024). “텍스트 유형에 따른 영한 포스트에디팅에서의 오류 수정 양상 분석 및 고찰”. 《통번역학연구》, 28(1), 123-150쪽, https://www.kci.go.kr/kciportal/ci/sereArticleSearch/ciSereArtiView.kci?sereArticleSearchBean.artiId=ART003053484

진용주 외(2018). “프리에디팅(pre-editing)이 기계 번역 품질에 미치는 영향 고찰 : 유창성, 충실성, 가독성 비교를 중심으로”. 《통번역학연구》, 22(3), 27-64쪽, https://www.kci.go.kr/kciportal/ci/sereArticleSearch/ciSereArtiView.kci?sereArticleSearchBean.artiId=ART002377726

최지영(2025). “교양 한국어과정 강사 대상 기계 번역 리터러시 교육 자료의 개발과 적용 사례”. 《한민족문화학회》, 89(89), 207-246쪽, https://www.kci.go.kr/kciportal/ci/sereArticleSearch/ciSereArtiView.kci?sereArticleSearchBean.artiId=ART003187009

한현희(2019). “노한 기계 번역의 프리에디팅(pre-editing) 및 포스트에디팅(post-editing) 가이드라인 제안”. 《노어노문학》, 31(4), 65-96쪽, https://www.kci.go.kr/kciportal/ci/sereArticleSearch/ciSereArtiView.kci?sereArticleSearchBean.artiId=ART002536753

Flanagan, M. & Christensen, T. P.(2014). Testing post-editing guidelines: How translation trainees interpret them and how to tailor them for translator training purposes. *The Interpreter and Translator Trainer,* 8(2), pp.257-275, https://www.tandfonline.com/doi/abs/10.1080/1750399X.2014.936111

04
인간 통·번역이 필요한 경우

외교의 세계에서 실수는 곧 위기다. 그렇기에 지금 이 순간에도 유엔, 각국 정부, 국제 NGO는 통역 현장에 사람을 배치한다. 계약서의 한 문장을 잘못 번역하면 수억 원대의 소송으로 이어질 수도 있고, 이민 서류 한 줄을 잘못 써서 비자가 거부될 수도 있다.

청각장애인과 AI?

AI 번역기의 성능은 나날이 발전하고 있지만, 어떤 분야에서는 결코 전적으로 의존해서는 안 된다. 외교, 의료, 법률처럼 일말의 오역도 큰 문제를 일으킬 수 있는 고위험 분야에서는 특히 주의가 필요하다. 이러한 분야에서 기계 번역의 한계와 실제 사례를 살펴보자.

국제기구 및 외교 현장

AI 기술은 분명 빠르고 효율적이지만, 외교 현장에서 필요한 '판단', '정서의 조율', '책임 의식'까지는 제공하지 못한다. 인간 통역사는 말의 표면 너머를 읽고, 발언자의 의도를 조율하며, 상황에 따라 질문하거나 완곡한 표현으로 다리를 놓는다. 그도 그럴 것이 국제회의는 단순한 정보 교환의 장이 아니라, 관계를 조정하고 메시지를 교섭하는 공간이다.

통역은 단지 '옮기는 일'이 아니라 '전략적 소통'이다. 이는 기계가 흉내 낼 수 없는 인간 고유의 감각이자 판단력이다. 외교와 국제회의는 언어의 의미보다 그 뉘앙스가, 정보의 전달보다 그 방식이 더 중요한 공간이다. AI는 많은 분야에서 통역의 속도와 접근성을 높였지만, 외교의 세계만큼은 아직 인간의 감각과 판단이 절대적으로 요구된다.

유엔을 포함한 다수의 국제기구는 AI 기술을 모니터링하면서도 신중한 태도를 유지하고 있다. 유엔은 2023년 내부 방송을 통해 "AI가 아직 신뢰할 만한 회의 통역을 제공할 수 없다"고 공지하면서 회의 통역과 기밀문서 번역은 공인된 인력만이 수행해야 한다고 지침을 내린 바 있다.

유럽연합 번역국(DGT, Directorate-General for Translation)을 이끌었던 스피리돈 필로스(Spyridon Pilos)는 "기계 번역은 번역사를 도울 뿐 대체할 수 없다. 최종적으로 항상 인간 전문가의 검수가 필요하다"라는 점을 강조했다. 이는 거대한 다국어 행정 기구인 EU조차 AI를 생산성 도구로 활용하되 반드시 사람이 최종 품질을 책임지는 구조를 택하고 있음을 보여 주는 것이다. 실제로 EU 집행위원회 번역국은 24개 공식 언어 문서를 처리하면서 최신 기계 번역을 적극 사용하지만, 2,000여 명의 상근 번역사들이 모든 번역문을 검수 및 보완하고 있다. 2013년 2,450명이었던 인원이 다소 감소한 것이지만, 여전히 2천 명 규모의 전문 통·번역사가 상근하면서 기계 번역 후편집(Postediting) 등의 작업을 수행하고 있는 것이다. 다언어주의 수호를 위해서는 기계만으로는 부족하다는 것이 EU의 공식 입장이다.

미국 법무부와 법원은 통역사 자격을 엄격히 규정해, 중범죄 재판 등에는 반드시 공인 통역사를 배정하도록 하고 있다. 미국 연방 법원이 기계 통역만으로 진행된 이민 심문이 공정성을 결여했다며 통역 절차를 문제 삼은 판례도 있다. 정부 역시 외교 문서, 조약 번역, 국제 발언록 등은 최종적으로 반드시 사람의 손을 거쳐야 한다는 원칙을 고수하고 있다.

AI는 언제든 '그럴듯한 오류'를 만들어 낼 수 있으며, 실수에 대한 책임을 지지 않는다. 이러한 배경 속에서 각국은 보안 유출 사고를 방지하고 번역의 품질을 보장하기 위해 AI 번역 사용을 제한하거나 감시하고 있는 것이다.

한 끗 차이로 갈리는 법률 번역

법률 문서와 계약서는 단어 하나, 쉼표 하나에 따라 해석이 달라지는 매우 정밀한 언어를 사용한다. 따라서 AI 번역이 이 분야에서 오류를 낼 경우, 법적인 효력과 개인의 권익에 중대한 영향을 미칠 수 있다.

법률 문장은 긴 문장 구조, 이중 부정, 특수한 전문 용어 등으로 이뤄져 있는데, AI는 이를 문법적으로 그럴듯하게 번역할지는 몰라도 의미의 정확성을 담보하지 못한다. 예를 들어 영미법의 한 문장에서 "shall", "will" 등의 조동사가 의무와 단순 미래를 구분하는데, 기계 번역이 이를 구별하지 못하면 계약서에서 당사자의 의무 조항이 모호해질 수 있다.

또한 한국어 법률 용어 "갑", "을"(Party A, Party B 개념)이나 "제N조 제N항" 같은 표현이 기계에겐 생소해 엉뚱하게 변환될 가능성도 있다.

판결문이나 특허 문서처럼 한 문장이 한 페이지에 달하는 텍스트는 번역기가 구조를 잘못 쪼개 오역하거나 일부를 누락할 위험도 크다.

부정 표현을 잘못 처리해 원문과 반대 의미로 번역되는 치명적 오류가 법률 · 비즈니스 문서에서 발생할 수 있다. 예컨대 "~하지 아니한다"가 "~한다"로 번역되는 식이다.

실제로 망명 신청서(Asylum Application)를 자동 번역했다가 중요한 문구가 잘못 전달되어 신청이 거부된 사례도 보고된 바 있다. 망명처럼 민감한 법률 절차에서 번역 실수 하나로 당사자가 생명의 위협을 받을 수 있는 본국으로 돌려보내질 뻔한 것이다. 이처럼 법률 번역의 잘못은 돌이킬 수 없는 결과로 이어질 수 있다. 결국 법률 분야에서는 사람의 검토 없이 AI 번역 결과를 그대로 사용해서는 절대 안 된다.

생명과 직결된 의료 번역

의료나 의약 분야에서 번역 오류는 단순한 실수가 아니라 생명과 안전에 직결되는 문제가 된다. 의사의 처방전, 사용 설명서, 임상 보고서 등에서 한 글자 차이의 오류는 환자에게 치명적 결과를 초래할 수 있다. 기계 번역은 주로 숫자와 단위, 고유 명사나 전문 용어에서 오류를 일으킨다.

약물 용량에서 오역이 날 경우를 가정해 보자. 어떤 의료 문서에서 "50mg"을 번역기가 "50g"으로 잘못 옮겼다면, 환자는 처방량의 1000배에 해당하는 약을 복용하게 된다. 이는 곧 의료 사고로 이어질 수 있다. 환자 안전을 생각하면, 기계 번역의 작은 오차 하나도 절대 간과할 수 없는 분야가 있는 것이다. 특히 의료 분야는 특수한 약어와 전문 용어가 많아 AI가 학습하지 못한 용어가 빈번히 등장한다. 예컨대 새로 개발된 신약 이름이나 희귀 질환 명칭은 번역기의 사전에 없을 수 있고, 이때 기계는 맥락만으로 올바르게 번역하기 어렵다. 전문가들이 번역기가 학습하지 못한 최신 용어나 의학 지식 부분에서 오역을 일으킬 가능성이 크다고 경고하는 이유다.

뉘앙스가 생명인 문화 예술 콘텐츠

문학 작품이나 영화 대사는 글자 그대로의 의미보다 행간의 의미와 분위기가 중요하다. 하지만 AI는 인간처럼 작품의 맥락, 인물의 감정, 문화적 배경을 이해하지 못하기에 문학 번역에서 한계를 드러낸다. 관용적 의미를 사전적 의미로만 이해해 엉뚱하게 옮기는 일이 적지 않다. 문학과 예술 분야의 번역은 기계에게는 아직 넘기 어려운 산이며, 섣불리 AI에 맡겼다가 작품의 의도가 훼손될 위험이 크다. 문학 작품을 AI로 번역해야 한다면 반드시 전문 번역가의 섬세한 검수와 윤문 과정이 따라야 한다.

그 외에 사업과 업무 내용의 중요도와 용도에 따라 AI의 활용 정도를 잘 선택할 필요가 있다. AI 번역이 아무리 빠르고 편리해도 중요한 상황에서는 통역과 번역의 최종 품질과 신뢰를 담보할 수 없다. 인간 통·번역사는 단순히 문장을 옮기는 사람이 아니라 맥락을 이해하고 신뢰를 구축하는 전문가다. AI 번역의 도움을 받더라도 최종 품질과 책임은 인간의 몫이라는 사실을 명심한다면, AI 시대에도 상황에 맞는 현명한 선택을 내릴 수 있을 것이다.

이러한 이유로 국제기구, 정부, 기업에서는 중요한 언어 서비스에 대해 인간 통·번역을 고수하거나 AI와의

병행 전략을 신중하게 채택하고 있다. 유엔은 내부 지침을 통해 공개 AI 도구에 기밀 정보 투입을 금지하고, 회의 통역에는 공인된 인력만을 활용하도록 권고하고 있다. 유엔 통역국은 AI 통역 기술 동향을 모니터링하면서도 "현 단계의 AI는 신뢰할 수 있는 회의 통역을 제공하기 어렵고, 데이터 보안상 위험이 크다"는 입장을 취하고 있다. 특히 유엔은 "많은 공개 AI 도구들은 기밀을 지킬 계약적 · 기술적 장치가 부족하며, AI 번역 플랫폼의 LLM은 거짓 정보를 생성(환각)하는 경향이 있다"라고 경고한다. 이는 기밀 유지와 정확성이 생명인 국제기구에서 왜 인간 통 · 번역사를 기본으로 하되, AI는 보조적으로만 활용하는지가 잘 드러나는 대목이다.

참고문헌

마승혜(2017). "기계화되기 어려운 인간 능력과 문학번역 능력 비교 고찰 및 논의". 《통번역학연구》, 21(3), 55-77쪽, https://www.kci.go.kr/kciportal/ci/sereArticleSearch/ciSereArtiView.kci?sereArticleSearchBean.artiId=ART002251122

이창수(2024). "챗GPT, 파파고, 인간 번역가 간의 한영 문학번역 차이점 연구". 《번역학연구》, 25(2), 11-37쪽, https://www.kci.go.kr/kciportal/ci/sereArticleSearch/ciSereArtiView.kci?sereArticleSearchBean.artiId=ART003092847

임호준(2025.3.17). "AI 번역기가 대신할 수 없는 것". 《조선일보》,

https://www.chosun.com/opinion/contribution/2025/03/16/C5M4OVJX7VG2NANNHSXBAMI6SM/

진실희(2017). "Limitations of machine translation: Focused on the role of cognitive complements in human communication". 《통번역학연구》, 21(4), 167-198쪽, https://www.kci.go.kr/kciportal/ci/sereArticleSearch/ciSereArtiView.kci?sereArticleSearchBean.artiId=ART002285349

Gonzalez-Oliver, A. M.(2024.5.1). "Brave new booth: Interpreting at the dawn of the age of AI". *UN Today,* https://untoday.org/brave-new-booth/

Khoong, E. C. et al.(2019.4.1). Assessing the use of Google Translate for Spanish and Chinese translations of emergency department discharge instructions. *JAMA Internal Medicine,* 179(4), pp.580-582, https://pubmed.ncbi.nlm.nih.gov/30801626/

Merken, S.(2023.6.26). "New York lawyers sanctioned for using fake ChatGPT cases in legal brief". *Reuters,* https://www.reuters.com/legal/new-york-lawyers-sanctioned-using-fake-chatgpt-cases-legal-brief-2023-06-22/

Toral, A. & Way, A.(20181.15). What level of quality can neural machine translation attain on literary text? In M. Lacruz & B. J. Risager(eds.), *Translation quality assessment: From principles to practice*, pp.263-287. Springer. *ArXiv,* https://arxiv.org/abs/1801.04962

05
AI와 통·번역 전문가의 협업 모델

AI 기술의 발달로 통 · 번역 업무의 풍경도 빠르게 변화하고 있다. 이제 산업 현장에서 인간 통 · 번역 전문가와 AI가 협업해 효율성과 품질을 높이는 새로운 모델들이 속속 등장하고 있다. 게임 현지화, 글로벌 마케팅 콘텐츠 번역, 다국어 자막 등 산업 현장에서는 AI와 외국어에 능통한 통 · 번역 인재들이 다양한 양상으로 협업해 새로운 가치를 창출하고 있다.

AI 콘텐츠 크리에이터?

산업 현장에 나타나는 협업 사례들

2023년 출시된 대작 게임 〈스타필드(Starfield)〉는 공식 한국어 지원이 없었는데, 한 유저가 게임 전체 텍스트를 추출해 AI 번역으로 1차 번역본을 완성해 팬들과 공유한 사례가 있었다. 이 유저는 일본어판 텍스트를 추출해 딥엘(DeepL) 번역기에 돌렸고, 팬 번역 팀이 이를 패치 형태로 제작했다. 방대한 분량의 텍스트를 인간이 처음부터 번역했다면 수개월이 걸릴 일이 AI 협업으로 단기간에 가능해진 것이다.

이처럼 게임 현지화 분야에서 AI와 번역사의 협업이 두드러진다. 물론 AI 번역 결과만으로 만족스러운 게임 경험을 주기에는 한계가 있었다. 실제로도 문맥을 오해한 오역이나 용어 통일 문제 등이 발견되어, 이후 번역 팀의 꼼꼼한 후편집과 검수가 필요했다.

글로벌 마케팅 콘텐츠 제작에도 AI와 번역사의 협업이 가속화되고 있다. 다국적 기업들은 사회관계망서비스(SNS) 게시물, 제품 설명 등 대량의 마케팅 자료를 각국 언어로 신속히 제공하기 위해 AI 번역을 적극 활용하고 있다. AI를 통해 출시에 맞춰 다국어 캠페인을 동시 전개한 뒤, 현지화 전문가들이 문화적 뉘앙스를 다듬고 브랜드 메시지를 보강하는 식이다. 실제로 마케팅 현장에서는 콘텐츠 유형별로 AI 활용 정도를 조절하는 하이브리드 전략이 사용된다. 예를 들어 제품 설명서나 사용자 제작 콘텐츠처럼 대용량 급속 처리가 필요한 내용은 AI 번역을 거의 그대로 활용하는 반면, 브랜드 슬로건이나 광고 카피처럼 미묘한 어조와 문화적 감각이 필요한 영역은 인간 전문가가 번역하거나 AI 출력물을 강하게 후편집하는 식이다.

다국어 자막 및 영상 콘텐츠 번역 분야도 AI와 인간의 협업이 활발한 곳이다. 유튜브와 OTT 플랫폼들은 AI를 이용해 자동으로 자막을 생성하거나 기계 번역으로 다국어 자막을 제공하고 있으며, 이후 전문가가 이를 교정해 출판 품질의 자막으로 완성하고 있다.

번역가와 AI의 협업 방식: MT → MTPE, CAT 툴, 맞춤형 시스템

번역 작업 현장에서는 이미 AI와 번역가의 협업이 일상의 표준으로 자리 잡았다. 대표적인 형태는 기계 번역 후편집(MTPE, Machine Translation Post Editing)이다. 번역 메모리(TM, Translation Memory)를 활용한 기존의 컴퓨터 보조 번역(CAT, Computer-Assisted Translation) 작업 과정에 이제는 최첨단 신경망 기계 번역(NMT,

Neural Machine Translation) 엔진이 결합되어, 번역가는 우선 AI가 생성한 초안을 받아 든 후 이를 빠르게 교정·편집해 최종 번역문을 완성한다.

이 협업 프로세스는 번역 품질을 유지하면서도 생산성을 비약적으로 향상하는데, 한 업계 보고에 따르면 전문 번역가의 하루 처리량이 약 2,000단어인 데 비해 기계 번역 후편집 작업자는 하루 3,500~7,000단어까지 처리 가능해 최대 3.5배 효율을 낼 수 있다고 한다.

번역 메모리와 용어집 등의 전통적 도구도 AI와 결합되어 한층 고도화되고 있다. 예전부터 번역가들은 트라도스(Trados) 같은 CAT 툴을 통해 과거 번역 문장을 DB로 축적하고 활용해 왔는데, 이제는 이들 도구에 NMT 추천 기능이 통합되어 TM에 일치 항목이 없을 때는 AI 번역 제안을 함께 표기해 준다.

번역가는 기존 TM 일치 문장, 용어집 제시 용어, AI 번역 제안을 모두 참고하며 최적의 번역을 선택하거나 편집한다. 2023년 프로즈(ProZ) 설문에 따르면 전업 번역가의 93%가 최소 하나 이상의 CAT 툴을 활용하고 있을 정도로 도구 사용이 보편화되었으며, 이들 대부분은 CAT 툴 내장 AI 번역 기능을 일상적으로 사용하고 있다.

한편, 맞춤형 기계 번역 시스템의 도입도 번역가-AI

협업을 한층 진화시키고 있다. 기업이나 기관 단위로 자사 용어와 스타일 가이드에 맞게 기계 번역 엔진을 훈련(커스터마이징)해 사용하는 사례가 많아졌다. 또한 AI 품질 평가(QE) 기술을 도입해 기계 번역 문장별로 신뢰도를 예측하고, 위험도가 높은 문장만 인간 번역가가 집중 검토하도록 하는 스마트 워크플로도 연구되고 있다. 이런 기술을 활용하면 방대한 분량의 번역 프로젝트에서 인간의 노력을 가장 필요한 부분에만 배분함으로써 효율과 품질 두 마리 토끼를 잡을 수 있을 것으로 기대된다.

AI와 통역사의 동행

통역 현장에서도 AI가 인간 통역사를 보조하거나 새로운 형태의 협업을 이루는 사례가 나타나고 있다. 가장 눈에 띄는 것은 실시간 음성 인식 및 번역 자막 시스템의 등장이며, AI 자막 시스템과 인간 통역을 병행 제공하는 새로운 모델도 등장하고 있다. 중요한 국제회의의 경우 핵심 언어는 현장 통역사가 주요 언어(예. 한국어와 영어)에 대한 구어 통역을 제공하면서, 기타 다수 언어 청중에게는 AI 자동 번역 자막을 제공하는 식이다. 클레버캐스트(Clevercast) 등 일부 플랫폼에서는 인간 통역 음성 채널과 AI 음성 번역 채널을 동시에 운영해 예산과 필요에 따라 혼합 활용하도록 지원하고 있다. 예컨대 예산이 부족해 특정 언어 통역사를 배치하지 못하는 경우, AI 음성 번역으로 대체하고, 주요 언어는 인간 통역을 고수하는 것이다.

중요한 것은 이러한 실시간 통역 시스템은 아직 음성 인식 정확도와 기계 번역 자체의 오류로 인해 다양한 현장의 상황적 변수에 취약하다는 점이다. 화자의 다양한 억양, 언어의 다의성, 고유 명사 등을 처리하는 데 아직 한계가 있지만 전문 통역사를 부를 수 없는 상황에서 하나의 절충안으로 적용되고 있다.

국제기구들도 AI 통역 도구를 통역 서비스에 접목하는 실험을 진행 중이다. 유럽연합의회(European Parliament)는 24개 공식 언어로 진행되는 회의를 자동으로 필사 및 기계 번역해 주는 AI 시스템을 시범 도입했다. 마이크로소프트 등과 협력해 개발된 이 시스템은 회의 발언을 실시간 자막으로 보여 줄 뿐 아니라, 사후 공식 회의록 번역 출판 시간을 단축하는 것을 목표로 한다.

다만 EU 의회는 이 기술이 어디까지나 인간 통역사를 보완하는 역할임을 분명히 하고 있다. 실제 본회의장에서 즉석 통역은 여전히 인간 통역사들의 몫이며, AI 자막은 참고용 정보 제공 및 기록 보조 수단으로 활용되고 있다.

이처럼 통역 분야에서는 AI가 문자나 음성 형태로 1차 정보를 제공하고, 인간 통역사가 최종적으로 다듬거나 주요 채널을 담당하는 협업 모델이 부상하고 있다. 궁극적으로 AI는 더 많은 청중에게 다가가기 위한 언어 접근성 도구로서, 인간 통역사는 정교하고 책임 있는 의사소통의 담당자로서 각자의 장점을 살리는 방향으로 역할 분담이 이뤄지는 추세다.

참고문헌

고석용(2025.2.10). "엑스엘에이트, 'AI서울 2025'에 동시통역 자막솔루션 제공". 유니콘팩토리, https://www.unicornfactory.co.kr/article/2025021012201527376

방승언(2023.9.15). "'안한글'에 대응하는 'AI 번역?'… 최근 사례 보니". 디스이즈게임, https://www.thisisgame.com/articles/176324?newsId=400005

이노신 외(2016). "통번역의 미래지평: 인공지능과 소통형 융합통번역 연구". 《번역학연구》, 17(2), 65-89쪽, https://www.kci.go.kr/kciportal/ci/sereArticleSearch/ciSereArtiView.kci?sereArticleSearchBean.artiId=ART002126418

이상빈(2016). "트랜스크리에이션, 기계번역, 번역교육의 미래".

《통역과 번역》, 18(2), 129–152쪽,
https://www.kci.go.kr/kciportal/ci/sereArticleSearch/ciSereArtiView.kci?sereArticleSearchBean.artiId=ART002132896

최수연(2017). "번역학의 '기술적 전환'(Technological Turn): AI시대의 영상번역". 《번역학연구》, 18(2), 207–228쪽,
https://www.kci.go.kr/kciportal/ci/sereArticleSearch/ciSereArtiView.kci?sereArticleSearchBean.artiId=ART002235540

한승희(2016). "CAT툴 기반 다자수행 번역의 형태적 특징 연구: 영한 번역의 문장길이와 결속관계를 중심으로". 《통번역학연구》, 20(4), 167–188쪽,
https://www.kci.go.kr/kciportal/ci/sereArticleSearch/ciSereArtiView.kci?sereArticleSearchBean.artiId=ART002169737

Juriae L. et al.(2024.6.30). How are conference interpreters using technology before, during and after interpreting? An analysis of Korea's case. *T&I Review*, 14(1), pp.35–68,
https://journal.kci.go.kr/erits/archive/articleView?artiId=ART003092004

Microsoft(2020.9.15). Bringing the European Parliament closer to citizens through AI. *Microsoft EU Policy Blog*,
https://blogs.microsoft.com/eupolicy/2020/09/15/bringing-european-parliament-closer-citizens-through-ai/

06
AI 시대, 통·번역 전문가의 새로운 역할

AI 시대의 통 · 번역 전문가는 사라지는 존재가 아니라 진화하는 존재다. 인간 통 · 번역사는 이제 AI와 한 팀을 이뤄 더 넓은 세상으로 나아가고 있다. 변화의 최전선에서 활약하는 것은 다름 아닌 AI를 다룰 줄 아는 인간 통 · 번역사다. 이들은 새로운 기술을 장착한 인간의 지혜와 통찰력으로 승부를 낸다.

AI와 민주주의?

AI 시대, 역할의 확장

통역사와 번역사가 갖춰 온 핵심 역량들은 AI 시대에 다시 조명되고 있다. 전통적으로 통·번역 전문가들은 뛰어난 언어 감각과 문화적 통찰력, 주제 분야에 대한 지식, 문체 적응 능력, 실시간 판단력 등을 발휘해 왔다. 이제 이러한 세부 역량들을 재조합해 이전에는 없던 새로운 언어 서비스를 창출할 수 있게 되었다. 예를 들어 기계 번역의 도움으로 번역 초안을 신속히 얻을 수 있게 되자, 번역가는 그 초안을 토대로 내용을 창의적으로 각색하는 '트랜스크리에이터'로 활약할 수 있다.

실제 현업에서는 AI가 산출한 문장을 인간 번역가가 감성 풍부한 마케팅 카피로 재창조하거나, 영상 자막의 어투를 자연스럽게 다듬는 작업이 늘고 있다. 이처럼 기계가 처리한 언어에 인간의 문화적 감수성과 스타일 조정 능력을 결합함으로써, 단순 직역을 넘어 현지 독자에게 울림을 주는 콘텐츠로 탈바꿈시키는 서비스가 가능해졌다. 특히 AI 시대에는 기술 활용 능력까지 겸비한 언어 전문가에 대한 수요가 높아지고 있다.

현장에서 등장하고 있는 새로운 직무들을 살펴보면 이러한 변화가 두드러진다. 예컨대 AI 트레이너는 번역 메모리용 말뭉치를 구축·관리하고 기계 번역 엔진을 도메인에 맞게 튜닝하며, 후편집 전문가는 AI 번역문을 교정하고 스타일과 용어 일관성을 확보한다. 이 밖에 기업의 다국어 전략을 자문하는 언어 AI 컨설턴트, AI 번역 품질을 평가하고 오류를 잡아내는 언어 품질 분석가, 특정 산업에 정통한 분야별 전문 번역가, AI 번역의 편향성과 문화적 수용성을 점검하는 윤리 감수자 등 다채로운 역할이 나타나고 있다.

이러한 신종 역할들은 기존 통·번역사가 지닌 언어적 전문성에 기술, 데이터, 창의력이 접목되어 탄생한 것으로, 전문가 역량의 재조합을 통해 확장된 언어서비스의 가능성을 보여 준다.

다양한 산업에서의 역할 확장 사례

인공지능의 발달로 통역사와 번역가의 일자리가 사라질 것이라는 우려와 달리, 통·번역 시장은 꾸준한 성장세를 보이며 인간 전문가의 역할이 진화하고 있다. 많은 통역사들은 AI를 협업 도구로 활용해 업무 효율을 높이고 있으며, 새로운 산업 수요에 맞춰 전문성을 넓혀 가고 있다. 몇 가지만 소개한다.

이중 언어 MC: 국제 행사의 다언어 진행자

국제 행사에서 이중 언어 MC(Bilingual MC)는 행사 진행과 동시통역을 겸하는 핵심 역할이다. 두 개 언어로 청중을 연결하는 사회자로서 무대 전체를 이끌며 실시간 통역으로 소통을 돕는다. 통역사의 요약 능력과 순발력이 특히 중요한데, 청중 질의응답이나 돌발 상황 시 발언 취지를 빠르게 요약 전달하고 분위기를 조율해야 하기 때문이다. 이러한 역량을 키우기 위해 통역사는 MC 스피치 훈련, 발성 연습, 다문화 커뮤니케이션 교육 등을 추가로 받기도 한다.

최근에는 국제회의뿐 아니라 박람회, K-팝 콘서트처럼 글로벌 이벤트 수요가 늘며 통역사들이 영어 행사 사회자 등으로 활약하는 사례가 많다(송영철, 2024). 실제로 한 국제회의 통역사는 "VIP 통역, 영어 행사 사회자 및 번역가로 활동하고 있다"라고 밝혀, 통역사들이 통역과 번역의 외연을 확장해 외국어 또는 이중 언어 MC로 활동하고 있는 모습을 볼 수 있다.

IR 발표자: 투자자를 사로잡는 이중 언어 스토리텔러

기업의 투자 설명회(IR) 현장에서 IR 발표자로 활약하는 통역사들이 등장하고 있다. 이들은 한국어와 영어 등 이

중 언어로 기업의 비전을 설득력 있게 전달하는 프레젠터로서, 최고경영자(CEO)나 임원을 대신해 글로벌 투자자 앞에서 발표를 진행한다. 통역으로 쌓은 순발력과 정확한 전달력에 프레젠테이션 스킬을 결합해, 복잡한 재무 정보도 청중 눈높이에 맞춰 풀어내는 능력이 요구된다. 투자 용어에 정통하고 스토리텔링에 능해야 하므로, 통역사는 IR 분야 지식을 공부하며 별도로 스피치 코칭을 받기도 한다.

물론 AI 도구로는 발표 대본을 번역·요약하거나 발음 교정, 보디랭귀지 피드백을 AI 비디오 코치로부터 받는 등 훈련에 활용할 수 있다. 청중의 반응을 읽어 실시간으로 어조와 속도를 조절하는 것은 사람만이 해낼 수 있는 섬세함이다. 스타트업 투자 유치 현장 등에서 영어 피칭 역량이 갈수록 중시되면서, 통역사 출신의 IR 코치나 투자 설명회 전문 진행자에 대한 수요가 늘고 있다.

콘텐츠 로컬라이저: 현지 문화를 살리는 창의적 번역사

기계 번역이 일상화된 시대에도 콘텐츠 로컬라이저의 역할은 오히려 강조되고 있다. 단순 직역을 넘어 현지 문화와 정서에 맞게 콘텐츠를 재창조(Transcreation)하는 전문가로, 글로벌 마케팅에서 큰 가치를 지닌다. 이들은 제품 설명, 광고 카피, 웹툰 대사 등에서 원문의 의도와 감성을 각 문화권에 어울리게 변환한다. 예컨대 유머, 관용구, 브랜드 슬로건 등은 기계가 번역하면 맥락을 잃기 쉬운데, 로컬라이저는 창의적인 언어 감각으로 이를 재해석한다.

요구 역량으로 뛰어난 언어 능력은 기본이고, 번역 대상 시장의 문화 · 소비자 행동에 대한 이해, 그리고 카피라이팅 및 스토리텔링 능력이 중요하다. AI는 여기서 번역 초안을 제시하거나 과거 번역 데이터로 용어 통일을 돕는 보조 역할을 한다. 브랜드 고유의 목소리와 감정까지 살리는 작업은 사람의 창의력이 필수여서, 기업들은 여전히 인간 로컬라이저를 찾는다. 글로벌 진출을 노리는 기업이 늘면서, 문화적 공감을 이끌어 낼 수 있는 콘텐츠 로컬라이저에 대한 산업적 수요가 확대되는 추세다.

자막 에디터: AI와 함께 영상 언어를 빚는 전문가

OTT와 동영상 홍수의 시대, 자막 에디터는 번역가들의 새로운 활약 분야로 부상했다. 영화 · 드라마의 다국어 자막, 유튜브 영상의 자동 자막 번역 등을 AI가 1차 생성하면, 이를 사람이 다듬는 후편집 작업이 필수이기 때문이다. AI는 자막 초안을 몇 분 만에 뽑아낼 수 있지만, 그 결과물은 100% 신뢰하기 어렵고, 맥락을 놓치는 경우도 많다. 자막 에디터의 주요 역량은 번역문의 정확성 검토와 함께, 영상의 톤앤매너를 살리는 어휘 선택, 대사 길이를 화면에 맞추는 편집 기술이다. 예를 들어 감정이 담긴 대사는 기계 번역이 놓친 뉘앙스를 살려주고, 문화적 농담은 등가의 현지 표현으로 재창조해야 한다. 전 세계 스트리밍 콘텐츠 증가와 미디어 현지화 산업 성장으로, 언어 감각과 기술 활용 능력을 겸비한 자막 에디터에 대한 수요는 계속 늘어나고 있다.

브랜드 톤 관리자: 다언어로 브랜드 목소리 지키는 수호자

글로벌 기업들은 이제 언어별로 일관된 브랜드 톤을 유지하는 것을 중요시한다. 브랜드 톤 관리자(Brand Voice Manager)는 번역 과정에서 브랜드 고유의 말투와 표현이 왜곡되지 않도록 감수자 겸 에디터 역할을 하는 신종 직무다. 예를 들어, 영어 원문의 캐주얼하고 유쾌한 톤이 일본어 번역에서 지나치게 격식 있게 바뀌지 않도록 조율하고, 기업 슬로건이 각 언어에서 동일한 정서적 울림을 주게 다듬는 식이다. 이러한 작업을 위해 브랜드 스타일 가이드를 각 언어로 작성하고, 번역사들에게 가이드라인을 교육하는 것이 주요 임무다. 필요 역량은 세밀한 언어 감수 능력, 카피라이팅 센스, 그리고 마케팅 및 브랜드 커뮤니케이션에 대한 이해다.

훈련 방식으로는 번역 경험뿐 아니라, 광고 · PR 분야 지식을 쌓고, 다양한 언어권의 브랜드 캠페인 사례를 연구하는 것이 도움이 된다. 글로벌 마케팅 전략에서 번역의 품질과 일관성이 중요해짐에 따라, 여러 언어에 걸쳐 브랜드 이미지를 관리하는 전문 번역 인력이 각광받고 있다.

번역 윤리 감수자: AI 번역 시대의 품질과 신뢰 지킴이

AI 번역이 널리 활용되면서, 기계 번역의 윤리적 문제와 품질을 점검하는 번역 윤리 감수자(Ethical Reviewer)의 역할도 대두되고 있다. 이들은 번역 결과물이 문화적으로 민감한 표현을 담고 있지는 않은지, 혐오나 편향성은 없는지, 원문 의도를 과도하게 왜곡하거나 창작하지는 않았는지를 꼼꼼히 살핀다. 특히 뉴스 번역이나 의료 · 법률 번역처럼 정확성과 중립성이 요구되는 분야에서 윤리 기준 준수 여부를 검수하는 것이 주 임무다.

필요한 역량은 해당 분야 전문 지식, 다문화 이해, 번역 윤리에 대한 소양이며, 번역학 및 윤리 강령 교육을 통해 준비할 수 있다. 글로벌 기업들은 AI 번역을 도입하면서도 "AI가 번역 업계의 윤리 기준을 완전히 이해할 수 없기에, 인간의 윤리적 통제가 필요하다"라고 강조한다.

결과적으로, AI 시대에도 번역의 최종 책임은 인간에게 있다는 인식이 퍼지면서, 번역 윤리를 지키는 감수자에 대한 산업적 수요가 커지고 있다. 현대의 통역사와 번역가는 이처럼 AI와 협업해 기존의 통역과 번역 서비스 외에 확장된 분야로 진출하고 있다. 통역사는 다중 언어 MC, IR 프레젠터 등 소통 능력을 확장한 직무로 활약하고, 번역가는 로컬라이징 크리에이터, 윤리 감수자처럼 기술과 창의성을 겸비한 역할로 진화하고 있는 것이다.

참고문헌

고석용(2025.2.10). "엑스엘에이트, 'AI서울 2025'에 동시통역 자막솔루션 제공". 유니콘팩토리, https://www.unicornfactory.co.kr/article/2025021012201527376

박지영(2017). "언어 기술 혁신과 통번역 산업이 미래: 20대 글로벌 LSP의 통번역 서비스 분석을 바탕으로". 《통번역학연구》, 21(1), 137-168쪽, https://www.kci.go.kr/kciportal/ci/sereArticleSearch/ciSereArtiView.kci?sereArticleSearchBean.artiId=ART002200068

방승언(2023.9.15). "'안한글'에 대응하는 'AI 번역?'… 최근 사례 보니". 디스이즈게임,

https://www.thisisgame.com/articles/176324?newsId=400005
송영철(2024.12.5). “언어로 세계를 잇다...김세연 한영국제회의통역사의 이야기”. 디지틀조선일보, https://digitalchosun.dizzo.com/site/data/html_dir/2024/12/05/2024120580140.html#:~:text=Q,%EB%AC%B4%EC%97%87%EC%9D%B8%EA%B0%80%EC%9A%94
전현주(2017). “4차 산업혁명과 한국의 번역산업 현황 및 통번역 교육의 미래”. 《통번역교육연구》, 15(3), 245-261쪽, https://www.kci.go.kr/kciportal/ci/sereArticleSearch/ciSereArtiView.kci?sereArticleSearchBean.artiId=ART002299625
정유나 외(2025.7.18). “AI 실시간 통역 후 사람이 보완… ‘하이브리드 통역’ 시대 열린다”. 《서울경제》, https://www.sedaily.com/NewsView/2GVED10JV1
최문선(2025). “AI 시대의 통역 서비스 재편: 새로운 통역 유형론에 대한 시론”. 《번역학연구》, 26(2), 169-197쪽, https://www.kci.go.kr/kciportal/ci/sereArticleSearch/ciSereArtiView.kci?sereArticleSearchBean.artiId=ART003214941
Guerberof Arenas, A. & Toral, A.(2021.1.15). The impact of post-editing and machine translation on creativity and reading experience. *Translation Spaces,* 9(2), pp.177-204. *ArXiv,* https://arxiv.org/abs/2101.06125
Hagstrom, H.(2025.4.23). AI and subtitling: How machine translation affects the viewing experience. Stockholm University News, https://www.su.se/english/news/ai-and-subtitling-how-machine-translation-affects-the-viewing-experience-1.816426
Jin, S.(2020). A model of live interlingua subtitling using

respeaking technology. *Babel,* 66(4/5), pp.733–749, https://www.jbe-platform.com/content/journals/10.1075/babel.00182.jin

Kent State University MCLS(2024). 8 Language Translation Industry Trends and Statistics for 2024. Kent State University, Dept. of Modern & Classical Language Studies, https://www.kent.edu/mcls/translation-ma/blog/language-trends

Lawlor, A.(2024.4.18). New and upcoming AI-related roles in the translation and localization industry. *LionPeople,* https://lionpeopleglobal.com/new-and-upcoming-ai-related-roles-in-the-translation-and-localization-industry

Mohamed, E.(2025.5.12). Netflix's 'Deepfake dubbing' sparks outrage. Is this the end of subtitles? *Meer Entertainment,* https://www.meer.com/en/92522-netflixs-deepfake-dubbing-sparks-outrage

MultiLingual Staff(2025.5.28). South Korea: Boom in translation and interpretation in the AI era. *MultiLingual,* https://multilingual.com/south-korea-translation-boom/

Pym, A.(2013.1). Translation skill-sets in a machine-translation age. *Meta Journal des traducteurs* 58(3), pp.487–503, https://www.researchgate.net/publication/272758045_Translation_Skill-Sets_in_a_Machine-Translation_Age

Varga, L. K. et al(2025). The 2025 Nimdzi 100: The size and state of the language services industry including the ranking of the 100 largest language service providers. *Nimdzi,* https://www.nimdzi.com/nimdzi-100-2025/

07
AI 통·번역과 윤리의 문제

AI 번역기의 오역이나 오해로 문제가 발생했을 때 책임은 과연 누구에게 돌아갈까? 번역기에 입력한 개인정보 보호와 데이터 유출 문제는 어떻게 막을 것인가? 번역물의 저작권은 누구에게 귀속되며 어떻게 보호받을 것인가? 인공지능을 활용한 통 · 번역 기술이 발전하면서 편리함 뒤에 가려진 윤리 문제가 하나둘 수면 위로 떠오르고 있다.

AI와 애니메이션?

AI 번역·통역에서 발생 가능한 윤리적 문제

2023년 한 대기업에서는 직원이 소스 코드를 챗GPT에 입력했다가 외부로 유출되는 사건이 발생해, 회사 차원에서 직원들의 생성형 AI 사용을 전면 금지하는 결정을 내리기도 했다. 이처럼 AI를 활용한 번역과 통역 과정에서는 다양한 윤리적 문제가 발생할 수 있다. 대표적으로 다음과 같은 쟁점들이 있다.

개인정보 유출 및 기밀 유지 문제

자동 번역 서비스에 민감한 문서를 입력할 경우 데이터가 저장 · 노출되어 기밀 정보가 유출될 위험이 있다. 실제로 2017년 노르웨이의 에너지 기업 스타토일(Statoil) 직원들이 무료 번역 사이트를 사용했다가 내부 메모가 인터넷에 공개되는 사고가 발생했다. 이러한 사례는 무료 AI 번역 도구의 보안 취약점과 이용 약관상의 데이터 활용 조항이 개인정보 보호에 위험이 될 수 있음을 보여준다.

편향성과 차별 문제

AI 번역기는 학습 데이터의 편향을 그대로 학습해 성별 · 인종 등에 대한 편견을 강화할 우려가 있다. 예를 들어, 구글 번역에서는 성중립적 표현을 종종 고정 관념적인 성별로 번역하는 문제가 있다.

혐오 표현 및 부적절한 내용의 재생산

AI가 인터넷의 방대한 텍스트를 학습하면서 혐오나 차별 표현까지 습득해 번역 결과에 노출할 위험이 있다. 실제로, 한국의 AI 챗봇 '이루다'는 실제 대화 데이터를 학습하는 과정에서 성소수자와 장애인에 대한 차별 · 혐오 발언을 내뱉고, 사용자 개인정보를 유출해 공개 한 달 만에 서비스가 중단된 바 있다. 자동 번역 결과를 검수 없이 공개할 경우, 기업이나 기관이 의도치 않게 혐오 콘텐츠를 배포하는 상황도 발생할 수 있으므로 주의가 필요하다.

전문 분야 오류와 책임 문제

법률 · 의료처럼 한 치의 오역도 큰 피해를 줄 수 있는 분야에서 AI 번역의 실수는 심각한 결과를 초래할 수 있다. AI 번역은 겉보기엔 그럴듯하지만 사실은 틀린 '환각' 현상을 만들 수 있어, 비전문가는 오류를 알아채기 어렵다는 것이 문제다. 실제로 2018년 미국 캔자스주에서는 경찰이 구글 번역으로 스페인어 화자에게 차량 수색 동의를 받은 사건에서, 번역 오류로 인해 피의자가 완전히 이해하지 못한 상태에서 동의를 받은 것이 문제 되어 법원이 해당 증거를 기각한 사례가 있다.

저작권 및 데이터 사용 윤리

AI 번역기의 학습에는 방대한 텍스트 데이터가 사용되는데, 이 과정에서 저작권이 있는 문서나 번역물이 무단 활용되었을 가능성이 제기된다. AI가 생성한 번역물 자체의 저작권 귀속 문제도 불분명하다. 문화 예술 번역 분야에서는 AI 번역이 원저작자의 허락 없이 학습되어 만들어진 2차적 저작물로 볼 여지가 있어, 윤리적 · 법적 합의가 필요하다는 지적이 나온다.

환경 및 기타 문제

대형 AI 번역 모델을 학습하고 운영하는 데 드는 막대한 전력 소모와 탄소 배출 역시 간과할 수 없는 윤리적 문제다. AI 기술 확산으로 인한 에너지 발자국을 줄이고 지속가능성을 확보해야 한다는 목소리도 있다. 이 밖에도 AI 번역 오남용으로 인간 번역가의 숙련도가 떨어지는 디스킬링(Deskilling) 현상, 사용자들이 AI 번역 결과를 맹신해 비판적 사고 없이 받아들이는 문제 등도 윤리적 과제로 제기되고 있다.

AI 시대에 맞는 통·번역사의 윤리 강령

국제회의 통역사 협회인 AIIC(Association Internationale des Interprètes de Conférence)의 윤리 강령이나 미국번역가협회(ATA)의 규정을 보면, "통 · 번역사는 업무상 알게 된 비밀을 절대 누설하지 않는다", "본인의 능력을 넘어서는 의뢰는 수락하지 않는다", "자신의 번역에 끝까지 책임을 진다" 등의 조항이 명시돼 있다. 언어 전문가로서 지켜야 할 최소한의 윤리 기준인 것이다.

한편, AI 기술의 부상으로 통 · 번역사의 업무 양상이 변화하면서, 이 전통적 윤리 강령의 적용과 해석에도 새로운 도전이 나타나고 있다. 예를 들어 의뢰인에게 AI 사용 여부를 알릴 의무에 대한 논의가 있다. 만약 번역사가 상당 부분을 AI가 하도록 하고 최종 손질만 했다면, 이를 클라이언트에게 밝혀야 할까? 아직 공통된 규범은 없지만, 일부 클라이언트는 AI 사용을 꺼려 계약서에 "사람이 직접 번역할 것"을 명시하기도 한다. 이런 경우 번역사는 계약을 준수하는 윤리 의식이 필요하다.

또 다른 이슈로 AI 개발자와 번역사의 협력 윤리가 있다. AI 번역 엔진 개선을 위해 번역사들의 데이터가 쓰이는데, 이때 창작자의 권리를 존중하는 데이터 활용이 중요하다. 번역사들의 과거 번역물로 AI를 학습시킬 때 적절한 보상이나 동의 절차 없이 무단으로 가져다 쓰는 것은 윤리 문제를 야기할 수 있다. 따라서 AI 시대에는 기술 개발자들도 윤리 강령의 일부로 "번역가의 지적 재산 존중"을 고려해야 할 것이다.

결국 전문 통·번역사의 윤리 강령은 AI 시대에도 유효하지만 업데이트가 필요하다. 인간 통·번역사는 이제 윤리의 최후 보루로서, AI가 판단하지 못하는 영역에서 책임 있게 개입하고 조율하는 역할을 맡아야 한다. 그렇기 때문에 관련 기준 마련을 위한 공감대 형성과 논의, 그리고 교육이 필요하다.

사용자 책임과 번역 리터러시의 중요성

AI 통·번역 시대를 살아가는 우리는 모두 사용자이자 소비자로서 일정한 윤리적 책임을 진다. 기술이 아무리 발전해도 최종적으로 그것을 사용하는 사람의 태도와 선택이 결과를 좌우하기 때문이다. 따라서 AI 번역의 혜택을 안전하고 공정하게 누리기 위해서는 사용자 개개인의 윤리 의식과 번역 리터러시(Literacy)가 필수적이다.

번역 리터러시란 쉽게 말해 "번역기를 똑똑하게 쓸 줄 아는 능력"이다. 구체적으로는 AI 번역의 작동 방식, 한계, 특정 목적에의 적합성 등을 이해하고, 상황에 따라 언제 활용하고 언제 자제해야 하는지 판단하는 역량을 의미한다. 예를 들어 사용자가 번역 결과를 맹신하지 않고 중요한 내용은 반드시 원문과 대조하거나 전문가 감수를 받는 습관, 기계 번역에 문화나 맥락이 부족함을 인지하고 그 부분을 보완하려는 노력 등이 모두 번역 리터러시에 포함된다.

이러한 능력이 뒷받침될 때 비로소 사용자는 AI 번역의 오류에 현명하게 대응할 수 있고, 편향된 결과를 걸러내 사회적 피해를 예방할 수 있다. 사용자 책임 측면에서 무엇보다 중요한 것은 비판적 사고다. AI가 제시한 번역이라고 해서 항상 옳은 것은 아니라는 점을 늘 염두에 두어야 한다. 특히 법률 합의문, 의약품 복용 설명, 보험 약관처럼 잘못 번역되면 큰 손해를 입는 문서는 반드시 사람의 눈으로 재검토해야 한다. 사용자가 무심코 넘긴 잘못된 번역 한 줄이 상대방에겐 큰 오해를 불러일으킬 수 있다는 점을 자각하는 것이 윤리적 자세다.

또한 프라이버시 보호를 위한 노력도 사용자 몫이다. 앞서 언급한 사례들처럼, 민감한 내용을 번역기에 그대로 입력하는 행위는 지양해야 한다. 번역해야 할 문장에 개인정보가 있다면 이를 대명사나 일반 명사로 치환하거나, 중요한 수치나 코드 번호는 일부러 변형해서 입력하는 식으로 스스로 데이터를 최소한으로 노출하는 지혜가 필요하다. 기업의 직원이라면 회사 규정을 따라야 함은 물론이고, 개인이라도 스스로 자신의 정보 자산을 지킨다는 의식을 가져야 한다.

나아가, AI 번역 결과를 공유하거나 활용할 때의 책임도 있다. 예컨대 SNS에서 외국 기사를 번역해 올릴 때, 번역 오류로 인한 가짜 뉴스나 명예 훼손이 발생하지 않도록 주의해야 한다. AI 번역 특유의 환각 현상으로 원문에 없는 내용을 지어낼 수도 있기 때문에, 그러한 부분이 없는지 검증하는 것도 사용자의 몫이다. 필요하다면 "해당 번역은 AI 번역을 기반으로 함"을 밝히는 투명성도 고려할 수 있다.

마지막으로, AI 번역 기술 발전을 사회가 수용하는 태도 역시 사용자 전체의 책임 영역이라 볼 수 있다. 우리가 AI 번역의 편리함에만 열광하고 문제점에 침묵한다면, 개발사들은 빠른 출시와 이윤에 급급해 윤리적 고려를 소홀히 할지 모른다. 반대로 사용자들이 꾸준히 오류 사례를 지적하고, 개선을 요구하며, 책임 있는 사용 문화를 보여 준다면, 업계와 제도도 그에 발맞춰 윤리적 장치를 강화할 것이다. 즉, 사용자 집단의 성숙한 태도가 AI 번역 환경의 윤리 수준을 끌어올리는 밑바탕이 된다.

참고문헌

류미영 외(2025). "AI 윤리 교육을 위한 ChatGPT의 윤리적 요인에 대한 고찰". 《인공지능연구 논문지》, 6(1), 37-46쪽, https://www.kci.go.kr/kciportal/ci/sereArticleSearch/ciSereArtiView.kci?sereArticleSearchBean.artiId=ART003194158

이주리애 외(2025). "통역사의 AI 활용 및 인식: 국내 통역사의 설문조사를 중심으로". 《T&I Review》, 15(1), 7-39쪽, https://www.kci.go.kr/kciportal/ci/sereArticleSearch/ciSereArtiView.kci?sereArticleSearchBean.artiId=ART003214589

JK Translate(2025.4.18). The risks of machine translation in high-stakes legal documents: Why human certification matters, https://www.jktranslate.com/en/the-risks-of-machine-translation-in-high-stakes-legal-documents-why-human-certification-matters/

Savoldi, B. et al.(2025.5.2). A decade of gender bias in machine translation. *Patterns,* 6(6), pp.101-257, https://pmc.ncbi.nlm.nih.gov/articles/PMC12191736/

Straits Times(2023.5.2). Samsung bans staff's AI use after spotting ChatGPT data leak, https://www.straitstimes.com/asia/east-asia/samsung-bans-staff-s-ai-use-after-spotting-chatgpt-data-leak

Vieira, L. N. et al.(2022.12). Privacy and everyday users of machine translation. *Translation Spaces,* 12(3), pp.430-457, https://www.researchgate.net/publication/366453326_Privacy_and_everyday_users_of_machine_translation

08
AI 통·번역과 교육의 변화

매년 새로운 기술이 등장하고 통 · 번역 현장의 풍경이 달라지고 있는 상황에서 교육자와 학생 모두 유연한 자세로 평생 학습을 이어 가야 한다. 한국, 유럽, 북미의 통 · 번역 교육 기관들은 각기 교육 내용과 커리큘럼을 개편하며 AI 시대에 걸맞은 인재 양성에 나서고 있다.

AI와 인재 채용?

AI 시대의 도래와 새로운 요구

AI 시대가 요구하는 통·번역사의 역량 자체가 달라지고 있기에 교육 패러다임 전환은 불가피하다. 다시 말해, 기계가 못 하는 미묘한 뉘앙스 전달, 화자의 숨은 의도 파악, 문화적 차이에 대한 섬세한 대응이 인간 통·번역사의 강점으로 부각된다. 따라서 교육도 이러한 새로운 역할에 맞춰 변해야 한다.

실제 현업 통·번역사들은 "AI와 협업하는 능력"이 갈수록 중요해지고 있다고 입을 모은다. 빠르게 쏟아지는 방대한 양의 콘텐츠를 처리하고, AI 번역을 활용해 업무 효율을 높이면서도 인간만이 보장할 수 있는 품질을 유지하는 것이 현대 통·번역사의 과제가 된 것이다.

이러한 복합적인 요구에 부응하려면 통·번역 교육 역시 과거와 다른 접근법을 취해야 한다. AI 시대에 걸맞은 교육으로 업그레이드하지 않고서는 미래 통·번역사를 제대로 길러 낼 수 없을 것이다.

통·번역 교육 현장의 변화

그렇다면 실제 통·번역 교육 현장은 어떻게 변신을 꾀하고 있을까? 핵심 키워드는 "기술과의 공존"과 "새로운 기술 활용 역량"으로 요약할 수 있다. 최근 통·번역 교육 현장에서 기계 번역(MT, Machine Translation), 자동 자막 생성, 컴퓨터 보조 번역(CAT, Computer-Assisted Translation), 대규모 언어 모델(LLM, Large Language Model) 등 AI 기반 도구 활용이 보편화되고 있다.

많은 통·번역 전공 학생들이 이미 구글 번역 같은 MT를 일상적으로 활용하고 있으며, 한 연구(김지은, 2023)에서는 응답자의 79.5%가 번역 과제 수행에 기계 번역을 사용한 경험이 있다고 보고했다. 학생들은 기계 번역을 활용하면 번역 과정의 기술적 문제를 기계에 맡기고 핵심적인 번역 난제에 집중할 수 있어 작업 속도가 빨라지고 오탈자가 줄었다고 인식하면서도, 문학 번역 등에서 기계가 원문의 뉘앙스를 살리지 못하는 한계를 체감했다고 밝혔다.

이러한 현황은 기계 번역을 통·번역 교육에 통합해 올바른 활용법을 가르칠 필요성을 시사한다. 실제로 교육 현장에서는 기계 번역 후편집(MTPE, Machine Translation Post Editing)을 과제로 부여하거나 자동 번역 결과와 학생 번역을 비교·평가하면서 MT의 한계와 용법을 배우도록 하는 사례가 늘고 있다.

번역 보조 기술(CAT) 역시 필수 교육 요소로 자리 잡았다. 과거에는 번역 교육에서 MTPE 훈련이 드물었으나, 이제는 번역 메모리(TM, Translation Memory)와 용어 관리 도구(TB, Term Base), 트라도스(Trados) 등의 CAT 툴 활용법을 가르치는 과목이 개설되어 학생들이 협업 번역 프로젝트를 통해 TM, 용어집 구축 실습까지 수행하고 있다.

필자가 소속된 중앙대학교 국제대학원 전문통번역학과에서는 기존의 '통 · 번역 입문' 과목을 '통 · 번역 테크놀로지와 코퍼스' 과목으로 대체해, 최신 번역 기술 동향 교육과 함께 번역 메모리, 용어집 작성, CAT 툴 사용법 및 프로젝트형 번역 실습을 도입했다. 또한 로컬라이제이션 & 포스트에디팅 과목을 신설해, CAT 전용 실습실에서 트라도스를 활용한 팀 번역 실습과 MT 후편집 지침 교육을 병행하고 있다. 이 수업에서는 학생들이 팀워크로 번역 작업을 수행하며 MTPE의 기본 원칙을 배우고, 수강생들에게는 트라도스 등 컴퓨터 보조 번역(CAT) 도구에 대한 인증 시험(Certification)에 무료 응시할 기회도 제공해 실무 역량 강화를 도모하고 있다.

동시통역 등 통역 교육 분야에서도 AI 기술 활용 사례가 나타나고 있다. 자동 음성 인식(ASR, Automatic Speech Recognition)을 통한 자동 자막 생성 도구를 활용해 통역 연습을 돕거나, 챗GPT 같은 LLM을 활용한 통역 연습 사례도 보고된다. 예를 들어, 필자의 수업에서는 챗GPT를 활용해 산업 분야별 비즈니스 협상 및 회의 스크립트를 현장과 유사하게 생성하고 교수자가 다듬은 후 학생들이 실습하는 새로운 체험형 통역 수업 모델을 시도했다. 생성형 AI를 활용한 통역 교육은 향후 그 활용 범위가 확대될 것으로 보인다.

이처럼 AI 기술은 통·번역 교육 전반에 걸쳐 다양하게 활용되고 있다. MT와 CAT 툴은 번역 수업의 기본 도구로 자리 잡았고, 자동 자막 및 LLM은 통역 연습의 보조 자료 생성 등에 쓰이고 있다. 이러한 도구 활용은 통·번역 교육의 내용을 풍부하게 하고 있으나, 동시에 교육적 장점과 한계에 대한 면밀한 논의가 필요하다.

교육의 내용과 방법의 변화

필자가 소속된 중앙대학교 국제대학원 전문통번역학과는 2018년 4차 산업혁명 시대를 맞아 커리큘럼 1차 개편을 실시한 바 있다. 당시 "로컬라이제이션 & 포스트에디팅" 과목을 신설해 기계 번역 후편집(MTPE) 교육을 시작했고, CAT 툴 활용 수업 비중을 크게 늘렸다. 예를 들어 번역 실습에 트라도스 등의 CAT 툴을 도입하고, 한 학기 수강 후 학생들에게는 트라도스 공인 인증 시험 응시를 지원하는 제도를 마련하기도 했다. 이는 학생들이 졸업 전 산업계 인증과 실무 능력을 갖추도록 한 조치로, 실제 개편 이후 해당 대학원의 졸업생들은 IT 기업, 로컬라이제이션 업체 등 민간 분야로의 진출이 확대되는 효과를 보였다(원종화 · 진실희, 2021).

한국외국어대학교 통번역대학원은 2023년부터 '통 · 번역과 AI' 같은 AI 전문 과목들을 도입하여 대규모 언어 모델, 자연어 처리, 프롬프트 엔지니어링 등 언어 AI의 기초 이론을 가르치고, 이를 번역 및 통역 실습에 통합하는 방법을 다루고 있다. 이화여자대학교 통역번역대학원은 통번역과 테크놀로지, 컴퓨터 보조 번역(CAT) 강의를 제공하고 있으며, 2025년 입시 설명회를 통해 AI 시대에 대응하기 위한 대대적인 교과 개편을 예고한 바 있다.

2024년에는 성균관대 번역대학원이 언어 · AI대학원으로 개편되었다. 이 대학원은 "공학적 지식과 툴을 능숙하고 비판적으로 활용할 수 있는 번역 전문가" 양성을 목표로, 번역학과와 영어공학과의 융합 교육을 실시하고 있다. 그 외 2025년 현재, 많은 국내외 통 · 번역 교육기관들은 AI 기술 교육 강화, 산학 협력, 인증 제도 도입 등의 실천으로 커리큘럼을 재구성하고 있다. 한편, 교수자들도 새로운 기술에 대한 재교육을 받거나 관련 전공자를 교수진으로 충원하며, 학생들이 언어 능력과 디지털 역량을 겸비한 "M자형" 인재로 성장하도록 지도하고 있다(이상빈, 2024).

이처럼 AI 시대의 통·번역 교육 개혁은 기술에 밀려나는 교육이 아니라 기술을 포용하는 교육을 지향한다. 앞으로도 AI 기술은 계속 진화하겠지만, 통·번역 교육은 사람과 AI의 조화를 통해 새로운 전문성의 지평을 열어 갈 것으로 예상된다.

통·번역 교육자들은 AI를 경계하기보다는 적극 수용하되, 인간 언어 능력의 가치를 재발견하도록 가르침으로써 언어·문화 교류의 미래를 주도해 나갈 것으로 기대된다. 앞으로는 AI 기술의 발전과 이에 따른 산업계 수요 변화, 그리고 정책적 지원과 요구가 삼위일체가 되어 통·번역 교육의 변화를 추동할 필요가 있다. 통·번역 교육은 더 이상 과거의 방식을 고수할 수 없고, 실제로도 빠른 속도로 변모하고 있다.

물론 변화의 과정에서 고민도 있다. '과연 기계 의존이 심해져서 기본 실력이 약해지는 것(deskilling)은 아닐까?' 하는 우려에 대해 교육자들은 기본기를 소홀히 하지 않으면서도 시대가 요구하는 새 능력을 추가하는

(upskilling) 균형 잡기가 필요하다고 보고 있다. 다행히 디지털 원어민인 요즘 학생들은 새로운 기술을 비교적 빨리 습득하며, 오히려 AI 도구를 활용한 수업에 흥미와 몰입도를 보이는 경우가 많다. 이는 교육 현장의 변화가 학생들의 학습 동기를 자극하는 긍정적 효과도 있음을 시사한다.

마지막으로, AI 시대 통·번역 교육의 변화는 비단 통·번역 분야만의 이야기가 아닐지도 모른다. 더 넓게 보면 인간이 기계와 어떻게 함께 일할 것인가라는 보편적 질문의 한 사례라고 할 수 있다. 통·번역 교육 현장에서 축적되는 경험과 실험들이 앞으로 다른 전문직 교육에도 참고가 될 수 있을 것이다.

"인공지능은 무례하고, 통·번역은 사람과 사람을 잇는 일"이라는 이어령 전 장관의 말처럼(박민영, 2017), 기계가 넘볼 수 없는 인간 고유의 가치가 분명히 존재한다. 통·번역 교육은 바로 그 가치를 지키고 발전시키는 방향으로 나아가야 할 것이다. AI와 함께 진화하는 통·번역 교육을 통해, 미래에는 기계와 공생하는 새로운 세대의 통·번역 전문가들이 명맥을 이어 갈 것이다.

참고문헌

김지은(2023). "외국어로서의 한국어 번역교육 중 기계번역 활용 고찰: 외국인학생 대상 설문조사". 《T&I Review》, 13(1), 7-26쪽, https://www.kci.go.kr/kciportal/ci/sereArticleSearch/ciSereArtiView.kci?sereArticleSearchBean.artiId=ART002971991

박민영(2017.4.26). 이어령 전 장관, "인간의 통번역을 AI가 대체하는 세상이 올까?" 《더 나은 미래》, https://futurechosun.com/archives/22573

신지선(2017). "테크놀로지 패러다임에서의 번역능력 재조명". 《통번역학연구》, 21(4), 51-71쪽, https://www.kci.go.kr/kciportal/ci/sereArticleSearch/ciSereArtiView.kci?sereArticleSearchBean.artiId=ART002285345

원종화·진실희(2021). "4차 산업혁명 시대의 전문대학원 교과 개편 사례연구: 통번역 교육을 중심으로". 《번역학연구》, 22(5), 117-146쪽, https://www.kci.go.kr/kciportal/ci/sereArticleSearch/ciSereArtiView.kci?sereArticleSearchBean.artiId=ART002793660

이상빈(2024). "AI 시대의 도전과 대학의 통번역 교육". 《T&I Review》, 14(2), 67-89쪽, https://www.kci.go.kr/kciportal/ci/sereArticleSearch/ciSereArtiView.kci?sereArticleSearchBean.artiId=ART003153961

진실희(2017). "통역교육의 교육공학적 접근: CAIT 수업 설계를 위한 일 고찰". 《통번역학연구》, 21(2), 133-162쪽, https://www.kci.go.kr/kciportal/landing/article.kci?arti_id=ART002227305

진실희(2019). "4차 혁명시대의 소프트웨어 융합 통번역교육 사례연구". 《번역학연구》, 20(4), 189-218쪽,

https://www.kci.go.kr/kciportal/ci/sereArticleSearch/ciSereArtiView.kci?sereArticleSearchBean.artiId=ART002516713
진실희(2024a). “생성형 AI 활용 통역 교육 사례연구 – 챗GPT를 활용한 비즈니스 통역 수업 설계를 중심으로”. 《통번역학연구》, 28(3), 187-214쪽, https://www.kci.go.kr/kciportal/ci/sereArticleSearch/ciSereArtiView.kci?sereArticleSearchBean.artiId=ART003111270
진실희(2024b). “통역 교육 콘텐츠 개발을 위한 챗GPT 프롬프트 설계: 제작과 편집을 중심으로”. 《번역학연구》, 25(3), 123-150쪽, https://www.kci.go.kr/kciportal/ci/sereArticleSearch/ciSereArtiView.kci?sereArticleSearchBean.artiId=ART003123322
Guerberof Arenas, A. & Moorkens, J.(2019.1). Machine translation and post-editing training as part of a master's programme. *The journal of specialised translation,* 31, pp.217-238, https://www.researchgate.net/publication/330779889_Machine_translation_and_post-editing_training_as_part_of_a_master's_programme
Kenny, D.(2020.3). Technology and translator training. In M. O'Hagan(ed.). *The Routledge handbook of translation and technology*, pp.498~515. Routledge, https://www.researchgate.net/publication/339796568_Kenny_Dorothy_2020_'Technology_in_Translator_Training'_In_Minako_O'Hagan_ed_The_Routledge_Handbook_of_Translation_Technology_London_and_New_York_Routledge_498-515
Monzó-Nebot, E.(2023.12). Caring for humans in the age of artificial intelligence. Deskilling, machine translation, and the

possible equilibrium. In *Repurposing language rights. Guiding the uses of artificial intelligence.* pp.125–155. Tirant lo Blanch, https://www.researchgate.net/publication/379757403_Caring_for_humans_in_the_age_of_artificial_intelligence_Deskilling_machine_translation_and_the_possible_equilibrium

Warburg, J.(2019.1.28). Localization program reclassified as STEM degree, expanding opportunities for international graduates. Middlebury Institute of International Studies, https://www.middlebury.edu/institute/news/localization-program-reclassified-stem-degree-expanding-opportunities-international-graduates

09
미래의 통·번역 산업 전망

AI는 통 · 번역사를 완전히 대체하기보다는 업무 방식을 변화시키며 협업 모델을 정착시키고 있다. 2023~2025년 사이에 발표된 여러 설문 조사와 산업 통계들은 인간 번역가 · 통역가들이 AI를 적극 도구로 활용하면서 생산성을 높이고 역할을 재정의하고 있음을 보여 준다.

AI와 기자?

AI 기반 통·번역 서비스의 확대와 시장 구조 변화

AI 기술의 눈부신 발달은 통 · 번역 산업의 지형을 빠르게 바꾸어 놓았다. 흥미로운 점은, AI 번역의 보편화가 오히려 번역 수요의 전체 파이를 키운 효과를 가져왔다는 것이다. 실제 현장 통계를 보면, AI 등장 이후에도 전문 번역 인력과 업체 수는 증가세를 보였다. 예를 들어 한국에서는 2020년 2,429곳이던 통 · 번역 업체 수가 2023년에는 2,805곳으로 늘었고, 종사자 수도 6,251명에서 6,712명으로 증가한 것으로 집계되었다(이호준, 2025).

이는 기업들이 AI 번역을 활용해 해외 시장에 더 적극적으로 진출하게 되고, 기계가 해결하지 못하는 고부가가치 현지화 작업의 중요성을 재인식하면서 전문 번역 서비스 수요가 오히려 늘어난 결과다. 단순하고 반복적인 문장 번역은 AI 플랫폼이 맡고, 인간 번역가는 보다 전문적이고 창의적인 작업에 집중하는 "기계 + 사람" 협업 구조로 산업이 재편된 덕분에 전체 시장 규모가 확대되고 있다. 실제로 글로벌 언어 서비스 산업 규모는 2022년 약 647억 달러에서 2023년 693억 달러로 성장한 것으로 추산되며, 연평균 7% 내외의 안정적 성장세를 이어가고 있다(Hickey, 2023).

다만 이러한 성장의 과실이 업계 모두에게 고르게 돌아가는 것은 아니다. 기술 투자 여력과 플랫폼 역량을 갖춘 대형 업체들은 AI를 적극 도입함으로써 생산성을 비약적으로 높이고, 글로벌 M&A(인수 합병)를 통해 몸집을 불리는 추세다. 반면 소규모 업체나 개별 프리랜서들은 가격 경쟁 압박에 직면해 어려움을 겪는 양극화 현상이 나타나고 있다.

최근 번역 업계에서는 상위 업체들의 인수 합병을 통한 시장 지배력 강화가 두드러졌다. 예를 들어 세계 1위권 번역 기업인 영국의 RWS는 2021년 경쟁사 SDL을 합병했고, 프랑스계 아콜라드(Acolad)는 유비쿼스(Ubiqus) 등을 인수하는 등 글로벌 톱10 업체 위주로 규모의 경제 확보가 진행되었다. 그 결과 트랜스퍼펙트(Trans-Perfect), RWS, 라이언브리지(Lionbridge) 같은 선도 기업들은 연매출 수천억 원대의 초대형 언어 서비스 제공자(LSP, Language Service Provider)로 군림하고 있다.

중견 규모 LSP들도 생존을 위해 기술 플랫폼 기업으로 변모하면서 각자의 틈새 전문화 전략을 모색하고 있다. 예를 들어 벨기에의 전통 번역 회사였던 욘커스(Jonckers)는 "워즈온라인(WordsOnline)"이라는 구독

형 MTPE(Machine Translation Post Editing, 기계 번역 후편집) 플랫폼을 앞세워 실시간 AI 번역 서비스를 제공하는 기업으로 탈바꿈했고, 스웨덴의 디지털토크(DigitalTolk)는 자체 통역 매칭 플랫폼을 구축해 원격 통역 마켓플레이스로 성장했다. 이처럼 플랫폼화된 서비스 모델이 업계 표준으로 자리 잡으면서, 언어 서비스 시장은 과거의 인력 파견형 에이전시 모델에서 기술 중심의 플랫폼 비즈니스로 빠르게 전환되고 있다.

글로벌 vs 한국 시장의 차이를 비교하면, 기술력과 규모 면에서는 글로벌 빅테크가 앞서 있지만 한국어같이 언어적 특수성이 있는 시장에서는 현지 기업들의 강점이 두드러진다. 예컨대 딥엘이나 구글이 영어-유럽어 번역에서는 선두를 달리지만, 한국어 같은 고난도 언어 쌍에서는 파파고 등 현지화된 엔진이 미세한 뉘앙스 처리에서 경쟁력을 보이는 식이다.

투자 양상에서도, 글로벌 기업들은 전 세계 다언어 지원과 범용 AI 모델 개발에 막대한 자원을 투입하는 반면, 한국 기업들은 자국어에 최적화된 모델 개발과 특정 서비스의 설루션화에 집중하는 경향이 있다. 또한 시장 확장 전략에서도 글로벌 LSP들은 M&A로 규모를 키워 전 지구적 서비스 제공자가 되는 것을 목표로 하지만, 한국의 번역 업체들은 국내 시장 기반을 유지하면서 해외 파트너십이나 특정 지역 진출로 틈새시장을 노리는 경우가 많다. 다만 이러한 경계도 점차 허물어지고 있어, 한국 기업도 글로벌 프로젝트를 수주하거나 해외 데이터를 활용하는 등 세계 시장과 통합되는 추세다.

새로운 비즈니스 모델과 서비스 부상: 대체가 아닌 협업

AI 통·번역 기술의 발전은 단순히 언어 장벽을 해소하는 데 그치지 않고, 산업 전반에 새로운 비즈니스 기회를 창출하고 있다. 앞으로의 통·번역 산업은 고도화된 AI 도구와 인간 번역사의 공존을 전제로 한 하이브리드 모델이 주류를 이룰 것으로 보인다.

이러한 흐름 속에서 부가가치가 높은 전문 번역 서비스가 부상하고, 번역 업계의 역할도 재정립되고 있다. 우선, AI와 결합한 새로운 서비스 모델들이 속속 등장하고 있다. 예를 들어 일부 글로벌 기업들은 고객의 문의 이메일을 AI가 즉시 모국어로 번역하고 답변해 주는 다국어 고객 지원 챗봇을 운영하고 있다. 이는 사실상 실시간 번역+응대 서비스로, 고객은 자국 언어로 질문하고 답변도 자국 언어로 얻지만, 그 뒤에서는 AI를 활용하여 실시간 번역을 수행하는 구조다. 번역 서비스 자체가 기존에는 상상하지 못한 규모로 확장되고 있는 것이다.

AI 시대에는 번역 그 자체뿐 아니라 AI를 돕는 언어 데이터 가공 서비스에 대한 수요도 커지고 있다. 예를 들어 번역사들이 AI 학습용 코퍼스를 정제하거나 번역 품질을 평가하는 작업에 참여하는 등, 데이터 라벨링과 AI 피드백 분야로 역할을 넓히는 경우가 많아졌다. 과거에는 번역물이 산출물의 전부였다면, 이제는 AI를 위한 양질의 언어 데이터 구축도 중요한 비즈니스가 된 것이다.

이와 함께 멀티모달 AI의 발달로 텍스트와 영상 · 음성을 함께 현지화하는 통합 서비스에 대한 수요도 늘고 있다. 이를테면 동영상의 자막을 번역하는 것에 그치지 않고 영상 속 등장인물의 음성까지 타 언어로 합성하거나, 화면 내 텍스트를 편집하는 등 종합적인 로컬라이제이션 작업을 요구하는 프로젝트가 증가하는 추세다. 따라서 번역사는 자막 번역 능력에 더해 기본적인 영상 편집 지식, TTS(Text-to-Speech) 합성 조정 기술 등 다양한 멀티미디어 기술을 습득해야 하는 시대가 오고 있다.

AI 시대에도 필수불가결한 통·번역사의 역할: 의미의 최종 선택

이러한 환경 변화 속에서 통 · 번역사는 고유의 역량에 더욱 집중하게 된다. 다시 말해, 하던 것을 집중적으로, 그리고 더 고차원적으로 잘해야 한다. AI가 평범한 문장은 손쉽게 번역해 내는 만큼, 고객들은 인간 번역사에게 보다 높은 수준의 완성도를 기대하게 되었다. 그렇기 때문에 전문 번역사는 단순 직역이 아니라 맥락을 살린 의역, 문화적 함의를 반영한 현지화, 브랜드 이미지를 고려한 번역 등 부가가치가 높은 작업을 제공함으로써 자신의 입지를 지킬 수 있을 것이다. 특히 문학 번역이나 광고 카피처럼 창의성이 요구되는 작업에서는 인간 번역자의 예술적 개입이 필수적이다.

법률 계약서나 의료 보고서처럼 정확성이 생명인 번역은 반드시 전문 번역가의 검증과 책임하에 이루어지는 프리미엄 서비스로 남게 될 것이다. 이러한 이유로 많은 번역 회사에서 이미 일반 번역과 프리미엄 번역을 구분하고 있으며, 후자에는 숙련된 전문가와 다단계 검수 과정을 배정하고 있다. 이는 기계 번역에서 자주 지적되는 핵심 정보의 누락, 불필요한 내용 첨가, 고유 명사 · 전문 용어 · 숫자의 일관성 문제 등을 철저히 확인 · 검증하기 위함이다. 특히 계약서 등에서 사용되는 부정 표현이나 이중 부정은 자칫 의미가 반대로 전달되어 심각한 손해로 이어질 수 있어 각별한 주의가 요구된다.

통역 분야에서도 상황은 유사하다. 자동 자막 통역 등 AI 기반 서비스의 활용이 늘고 있지만, 중요한 회의나 공식 행사에서 AI에 전적으로 의존하는 것은 위험하다. 어렵게 성사된 협상이나 각국 귀빈이 모이는 자리에서 오역으로 인해 오해가 발생하거나, 존대 · 문화 · 정치적으로 민감한 표현이 잘못 전달되어 난처한 상황이 빚어질 수 있다. 또한 음성 인식 오류로 인한 불필요한 시간 지연, 유머 전달 실패로 인한 오해 등도 발생할 수 있다. 따라서 중대한 자리일수록 AI 통역은 보조적 수단으로 활용하고, 최종 책임과 품질은 전문 통역사가 담당하는 것이 바람직하다.

이 외에도 번역 자문 및 컨설팅 서비스도 각광받고 있는데, 이는 기업들이 AI 번역을 활용하더라도 최종적으로 현지 문화에 맞게 메시지를 다듬는 데 인간 전문가의 조언을 구하는 형태다. 앞으로도 기술 발전과 규제 환경, 인간 전문성의 가치가 맞물려 새로운 비즈니스 모델이 계속 등장할 것으로 보인다. 예를 들어, EU의 「AI 법」과 「데이터 보호법(GDPR, General Data

Protection Regulation, 일반 데이터 보호 규정)」 등이 강화되면 기계 번역의 활용 방식에도 변화가 생길 수 있으며, 이는 새로운 인증 서비스나 품질 표준 수립 같은 비즈니스 기회를 낳을 것이다. 이에 따라 언어 서비스 종사자들은 변화에 기민하게 대응해 역량을 재무장할 필요가 있을 것이다.

업계 전문가들은 "AI를 도구로 활용하되, 투자해야 할 대상은 결국 사람이다"라고 입을 모으고 있다(Kent State University MCLS, 2024). 기업과 정책 입안자들 역시 기술 혁신의 혜택이 인재 양성에도 투입되어 산업 전반의 발전의 선순환으로 이어지도록 교육 지원, 정책 정비 등의 노력을 기울일 필요가 있다.

결론적으로, AI와 공존하는 통·번역 산업은 기술을 기반으로 시장 구조와 노동 형태를 재편하면서 꾸준히 성장하고 있다. 인간의 창의성과 문화적 통찰이 깃든 고부가가치 서비스와 AI의 빠르고 광범위한 번역 능력이 조화를 이루는 생태계가 앞으로의 방향이라 할 수 있다. 이는《인공지능과 통·번역》이 그리는 미래상이기도 하며, 궁극적으로 언어 장벽 없는 글로벌 소통 시대를 앞당기는 동력이 될 것이다.

참고문헌

권영민(2025.6.16). "한국문학, 전문 번역교육이 세계로 이끈다". 《한겨레》, https://www.hani.co.kr/arti/opinion/because/1203076.html

김순미(2018). "AI시대 인간번역과 기계 번역의 공존: 경영학 '확장(Augmentation) 전략' 중심". 《통역과 번역》, 20(2), 1-32쪽, https://www.kci.go.kr/kciportal/ci/sereArticleSearch/ciSereArtiView.kci?sereArticleSearchBean.artiId=ART002373230

박종진(2025.5.12). "플리토, 3개 분기 연속 흑자 기록… 'AI 언어데이터 선도'". 전자신문, https://www.etnews.com/20250512000308

이호준(2025.5.26). "AI에 밥그릇 뺏길 줄 알았는데… 통번역 업계 "오히려 더 호황"". 《매일경제》, https://www.mk.co.kr/news/economy/11326952

Brandenberger J. et al.(2025.1.24). Using artificial intelligence based language interpretation in non-urgent paediatric emergency consultations: a clinical performance test and legal evaluation. *BMC Health Services Research*, 25, https://bmchealthservres.biomedcentral.com/articles/10.1186/s12913-025-12263-1

Hickey, S.(2023). The 2023 Nimdzi 100: Ranking of top language service providers. *Nimdzi*, https://www.nimdzi.com/nimdzi-100-2023/

Kent State University MCLS(2024). 8 Language Translation Industry Trends and Statistics for 2024. Kent State University, Dept. of Modern & Classical Language Studies, https://www.kent.edu/mcls/translation-ma/blog/language

-trends
KUDO(2024). The 10 most important statistics & breakthroughs in AI speech translation from 2024, https://kudo.ai/blog/the-10-most-important-statistics-breakthroughs-in-ai-speech-translation-from-2024/
MultiLingual Staff(2025.5.28). South Korea: Boom in translation and interpretation in the AI era. *MultiLingual*, https://multilingual.com/south-korea-translation-boom/
Varga, L. K.(2024). The 2024 Nimdzi 100: Ranking the 100 Largest language service providers. *Nimdzi*, https://www.nimdzi.com/nimdzi-100-2024/
Varga, L. K. et al.(2025). The 2025 Nimdzi 100: The size and state of the language services industry including the ranking of the 100 largest language service providers. *Nimdzi*, https://www.nimdzi.com/nimdzi-100-2025/
Vashee, K.(2024.8.8). The evolving LLM era and potential impact on machine translation. *Translated*, https://translated.com/the-evolving-LLM-era-and-potential-impact
Wyndham A.(2024.5.30). 10 ways translators are using AI in 2024. *Slator*, https://slator.com/10-ways-translators-are-using-ai-in-2024/

10
통·번역의 새로운 가능성

AI 시대에 통 · 번역 직업의 지형은 바뀌겠지만 소멸하지는 않을 것이라는 전망이다. 오히려 변화에 적응한 새로운 모습으로, 그리고 어쩌면 새로운 이름으로 진화할 것이다. 인류의 오랜 역사 속에 다양한 이름으로 불리었던 그들은 앞으로도 새로운 산업의 지형에서 자신들만의 강점을 발휘하며 그 가능성을 확장해 나갈 것이다.

AI와 미래 의사?

역사 속의 언어 중재자와 통·번역의 본질

인류가 서로 다른 언어로 나뉘어 소통해야 했던 순간마다, 그 사이에는 늘 통역사가 있었다. 고대 제국들의 시장과 왕궁, 신화 속 바벨탑의 현장까지 거슬러 올라가 보면, 말이 통하지 않는 이들을 이어 주던 언어의 중재자가 존재했다. 통역은 인류 역사에서 가장 오래된 직업 중 하나로 손꼽히며, 언어 장벽을 극복하려는 인간의 노력 그 자체였다. 시대별로 이와 같은 언어 중재자의 역할은 다른 이름으로 불리었지만, 언어적 역량을 기반으로 서로 다른 생각의 세계를 이어주고 두 세계의 언어가 만나는 지점에서 새로운 의미를 창조하는 역할을 수행해 왔다.

언어는 인간을 인간답게 만드는 가장 핵심적인 능력이다. 사람의 생각을 말로 표현하고, 글로 기록하며, 서로 다른 이들의 생각과 감정을 이어 주는 매개다. 그렇기에 원문의 단어 하나하나는 그 언어 공동체의 역사와 문화, 화자의 의도와 감정이 밑바탕에 흐른다. 그리고 통·번역사는 언어의 표층을 넘어 숨은 맥락과 의미의 결을 파악하여, 목표 언어라는 새로운 질서 속에 그것을 재구성해 낸다. 이러한 점에서 통·번역은 언어라는 매개를 통한 인간에 대한 깊은 이해와 재창조의 과정인 것이다.

한 사회의 문화와 사고방식이 응축된 산물이 바로 언

어이기 때문에 깊은 이해 없이 기계적으로 메시지를 옮겨서는 자칫 의미의 왜곡이 생긴다. 따라서 통·번역사는 공감 능력을 바탕으로 화자의 의중을 헤아리고, 창의성으로 적절한 표현을 빚어내며, 문화적 통찰로 말 한마디, 문장 하나에 담긴 시대와 장소의 색채까지 전달하고자 노력한다. 이처럼 인간에 대한 깊이 있는 이해를 바탕으로 한 이러한 언어 예술가적 역량이 바로 통번역의 본질이며, AI가 흉내 내기 어려운 인간 고유의 영역이다.

AI 기술이 눈부시게 발전하고 있지만, 우리가 목격한 바는 기계가 닿을 수 없는 인간 언어 활동의 심층이 분명 존재한다는 사실이다. 오늘날의 AI는 문장을 구성하는 단어들의 사용 패턴과 확률을 바탕으로 그럴듯한 번역을 신속히 만들 수는 있어도, 그 문장으로 인해 누군가 느낄 감정까지 헤아리지는 못한다. AI 번역은 언뜻 매끄러워 보여도, 맥락을 놓치거나 뉘앙스를 살리지 못해 엉뚱한 의미 전달로 이어지곤 한다. 결정적으로 AI는 자신의 통번역이 가져올 결과를 걱정하거나 책임지지 않는다. 잘못된 통역으로 두 기관 사이에 오해가 생길지, 상대방 국가에서는 금기시되는 표현인지 고민하는 존재는 인간이다. 이렇듯 통·번역의 행위 배후에는 항상 다른 인간에 대한 이해와 배려가 놓여 있다. "이 말을 이렇게 옮겼을 때 상대는 어떻게 느낄까?"라는 자문, "이 표현이 저 문화에서도 같은 울림을 줄까?"라는 성찰이 좋은 통·번역을 만든다. 그리고 이런 과정에서 비롯된 진정한 이해와 공감만이 우리의 마음을 움직인다.

결국 통·번역의 본질은 언어를 통한 인간 이해의 확장이다. 통·번역은 단순한 정보의 전이가 아니라, 한 세계를 다른 세계와 잇는 창의적 소통이다. 기계는 이 작업을 도와줄 수는 있어도, 그 소통에 진심을 불어넣지는 못한다. 우리가 문학 작품의 번역본을 읽으면서 감동하는 것은, 그 문장 뒤에 숨은 인간 번역사의 정성과 고뇌의 결과가 함축된 재창조의 과정 덕분이다. 국가를 대표하여 국제회의에 참가하여 국익을 대변하는 발언을 하는 순간, 각국 대표들이 나의 말을 들으면서 고개를 끄덕일 때, 그 배경에는 통역사의 진심 어린 전달이 있다. 통·번역사는 그렇게 언어 너머의 인간을 본다. 원문의 단어들 사이에 흐르는 진의를 읽어 내고, 그것을 다른 언어의 옷을 입혀 되살리는 일, 이 숭고한 역할은 AI 시대에도 결코 퇴색되지 않을 인간만의 몫이다.

한편으로 AI 기술의 발달은 통·번역사들에게 스스로를 돌아보는 성찰의 거울이 되고 있다. AI가 언어를 다루는 방식을 관찰함으로써, 우리는 인간 언어 능력의 특수성을 거꾸로 더 잘 이해하게 되었기 때문이다. AI 시대에 통·번역사의 역할은 진화하겠지만, 그 본질적 사명은 변하지 않는다. 오히려 기술이 고도화될수록 통·번역사는 더 인간다워져야 한다. 기계가 논리적으로 문장을 전환하는 동안 인간 전문가는 감성적 울림과 문화적 맥락을 더해야 한다.

기계가 신속한 결과를 주는 시대에 인간 전문가는 한 걸음 더 깊이 생각하고 책임지는 태도를 보여야 한다. 기존의 언어적 역량에 더해 기계가 넘볼 수 없는 창의성과 윤리 의식, 그리고 인간다움을 갖춰야 한다. 세계가 AI 번역으로 넘쳐날 때, 사람들은 따스한 온기가 느껴지는 번역에 더 감동할 것이다. 이는 마치 대량 생산에 익숙해질수록 수제 예술품 가치가 오르는 것과도 같다. 통·번역사는 언어 예술가이자 문화 중개자로서 이 인간적 가치를 전승하는 역할을 맡게 될 것으로 기대한다.

통·번역사의 역할 확장: 융합형 전문가로의 도약

인공지능 시대의 도래는 통·번역사의 직무를 단순한 언어 전달에서 복합적·융합적 역할로 확장하고 있다. 무역 및 비즈니스 현장에서 통역사는 발화 내용을 중계

하는 수준을 넘어 문화적 맥락을 조정하고 협상 전략에 기여함으로써 실질적 의사 결정 과정에 영향을 미친다. 외교 영역에서도 통역사는 언어적 뉘앙스를 조절하여 갈등을 예방하고 국가 간 신뢰 구축에 기여하며, 경우에 따라 정책 자문이나 국제기구의 커뮤니케이션 전문가로 활동하기도 한다.

문화 · 미디어 산업 또한 통 · 번역사의 새로운 활동 무대가 되고 있다. 번역가는 단순 자막 제작이나 언어 변환을 넘어 다국어 콘텐츠 전략가, 디지털 현지화 매니저 등의 직무로 확대되며, 글로벌 시장에서 문화적 코드와 소비자 성향을 반영한 현지화 전략을 수행한다. 이와 같은 변화는 통 · 번역사를 다국어 콘텐츠 전략가, 언어 외교관, 글로벌 정책 설명자, 디지털 프로젝트 매니저와 같은 융합형 전문가로 자리매김하게 한다. 궁극적으로 이는 언어 전문성과 분야별 지식(도메인 지식)을 결합하여 새로운 부가가치를 창출하는 방향으로 통 · 번역사의 전문성을 재정의하는 과정이라 할 수 있다.

이 외에도 통 · 번역사의 언어 전문성과 타 분야의 지식을 융합한 새로운 직무들은 지속적으로 생겨나고 있다. 라이언 피플 글로벌(Lion People Global)의 보고에 따르면, AI 시대에 등장한 번역 관련 신종 직무로 AI 강화 언어 모델 트레이너, 현지화 데이터 과학자, 번역 기술 전략가, AI 윤리 컴플라이언스 매니저, 대기업 클라이언트 AI 통합 컨설턴트 등 다양한 직책들이 부상하고 있다. 이는 번역 업계가 언어 데이터, 기술 기획, 윤리 검증, 프로젝트 관리 등 여러 분야와 접목되고 있음을 보여준다.

경쟁이 아닌 협업: 증강 번역과 인간 중심 AI

초창기에는 "기계 vs 인간"의 구도로 여겨졌던 AI와 번역의 관계가 이제는 협업과 상호 보완의 담론으로 전환되고 있다. 최근 번역학계에서는 "증강 번역(Augmented Translation)"이나 "포스트휴먼 번역" 같은 개념이 논의된다. 이는 AI를 경쟁자가 아닌 인지적 도구로 보고, 인간 번역의 범위와 역량을 기술로 확장한다는 관점이다.

아일랜드의 번역학자 샤론 오브라이언(Sharon O'Brien)은 2023년 논문에서 인간 중심의 증강 번역 개념을 제시하며, 인간-기계 협업을 기존의 대립적 이분법을 넘어서는 새로운 번역 패러다임으로 강조했다. 이 접근법에서 핵심은 "AI를 통해 인간 번역가의 능력을 증폭"하되 통제권과 주도권은 언제나 인간이 쥐고 있는 형태의 협력이다.

실제로 번역 업계에서도 이러한 철학이 반영되어, HCAMT(Human-Centered Augmented Machine Translation)라는 용어가 사용되기 시작했다. 다시 말해, AI를 인간 번역가의 파트너로 삼아 생산성과 품질을 모두 높이는 전략이 부상하고 있는 것이다. 이러한 인간 중심 AI(HCAI) 번역관은 AI를 대체제가 아니라 보완자로 보는 점에서 기존 인공지능 담론과 결이 다르다.

과거에는 기계 번역의 향상이 결국 인간 번역가를 몰아낼 것이라는 적대적 구도로 논의가 전개되곤 했다. 그러나 이제는 "번역가+AI"가 서로의 강점을 살려 협업하는 상생 모델이 제시되고 있다. 번역가는 언어적 창의성과 문화적 직관을, AI는 방대한 데이터 처리와 패턴 인식을 맡아 각자의 영역에서 시너지를 내는 형태다. AI의 환상과 한계를 모두 인지한 번역 현장에서는, 인간의 판단력이 개입된 협업만이 최선이라는 현실적인 합의에 이르러 있는 셈이다.

이처럼 기계가 번역가를 대체할 것이라는 '자동화(Automation)' 우려가 컸지만, 최근 담론은 '증강(Augmentation)'으로 전환되고 있다. AI를 경쟁자가 아닌 협력자로 바라보며, 인간과 기계가 상호 보완적으로 공존할 길을 모색하는 것이다. 구체적인 방법으로는 경영학의 확장 이론에 따라 번역가의 미래 역할을 다섯 가지로 제시한 논문(김순미, 2018)이 있다. 첫째, 스텝 업(step up): 플랫폼 구축과 번역 프로세스 관리자로서 협업을 총괄한다. 둘째, 스텝 어사이드(step aside): 이해관계자의 언어 · 문화적 요구를 조율하는 커뮤니케이터가 된다. 셋째, 스텝 인(step in): 프리에디팅 · 포스트에디팅을 통해 기계 번역 과정에 직접 개입한다. 넷째, 스텝 내로리(step narrowly): 문학 번역 등 창의적 영역에 특화한다. 다섯째, 스텝 포워드(step forward): 기술 융합을 통한 새로운 번역 서비스와 비즈니스를 개척한다.

이러한 인간 중심 협업(Human-centered Collaboration) 이론에서는 기술을 통제하고 주도하는 인간의 역할에 방점을 찍는다. 이는 AI는 어디까지나 보조적 지능으로서 인간을 도울 때 가장 큰 가치를 발휘한다는 관점이다. 이러한 관점에서는 번역 품질에 대한 최종 책임은 여전히 인간 전문가에게 있다. 기계가 아무리 똑똑해져도, 그것을 언제 어떻게 활용하고 통제할지는 인간 번역사의 몫이라는 뜻이다.

궁극적으로 인간과 기계의 협업은 통번역의 미학과 기능을 모두 진화시킬 수 있다. 인간 번역사의 창조적 사고와 문화적 통찰에 AI의 방대한 데이터 처리 능력이 더

해질 때, 우리는 언어를 통해 지식을 전파하고 문화를 교류하는 새로운 문명을 향해 나아갈 수 있다. 한계를 인지하고 책임감 있게 기술을 사용할 때 AI는 두려움의 대상이 아니라 확장된 지성으로서 우리 안에 내재된 가능성을 실현하는 거울이 될 것이다. 변화의 시대를 맞은 지금, 통·번역사는 낙관적 현실주의를 바탕으로 미래를 그려 나가야 한다. 기술과 인간의 조화 속에서 언어의 다리는 더욱 견고해지고 아름다워질 것이며, 번역 행위의 본질은 영원히 인간적 창의와 이해의 산물로 남을 것이다.

언어의 장벽은 인류가 넘어야 할 숙제였고, 통·번역은 그 해답 중 하나였다. 오늘날 우리는 AI라는 신기술의 도움을 받아 다시 한번 바벨탑에 도전하고 있는지 모른다. 그러나 이번에는 하늘 높이 치솟는 탑을 쌓는 대신, 지상에서 서로의 마음을 연결하는 다리를 세우고자 한다. 이 다리는 인간과 기계가 함께 협력하여 구축하는 새로운 소통의 구조물이다. AI의 방대한 처리 능력이 다리의 한쪽 경간을 떠받친다면, 인간의 창의적 통찰은 다른 쪽 경간을 지탱할 것이다. 그렇게 만나 가운데에서 손잡을 때 비로소 언어의 심연 위에 놓인 튼튼하고 아름다운 이해의 다리가 완성될 것이다.

변화의 시대, 우리의 다리는 점차 완성되어 가고 있다. 그 다리를 통해 언어의 강을 건너는 사람들마다 서로를 이해하고, 마침내 언어의 탑 넘어 새로운 문명을 향해 나아가리라. 통·번역사는 그 선두에서 등불을 들고 길을 밝히는 길잡이로서, 과거와 미래를 잇는 다리 위에 굳건히 서 있을 것이다.

참고문헌

김순미(2018). "AI시대 인간번역과 기계 번역의 공존: 경영학 '확장(Augmentation) 전략' 중심". 《통역과 번역》, 20(2), 1-32쪽, https://www.kci.go.kr/kciportal/ci/sereArticleSearch/ciSereArtiView.kci?sereArticleSearchBean.artiId=ART002373230

박지영(2017). "언어 기술 혁신과 통번역 산업이 미래: 20대 글로벌 LSP의 통번역 서비스 분석을 바탕으로". 《통번역학연구》, 21(1), 137-168쪽, https://www.kci.go.kr/kciportal/ci/sereArticleSearch/ciSereArtiView.kci?sereArticleSearchBean.artiId=ART002200068

이노신 외(2016). "통번역의 미래지평: 인공지능과 소통형 융합통번역 연구". 《번역학연구》, 17(2), 65-89쪽, https://www.kci.go.kr/kciportal/ci/sereArticleSearch/ciSereArtiView.kci?sereArticleSearchBean.artiId=ART002126418

이상빈(2024). "AI 번역 시대, 번역과 번역자를 바라보는 다양한 관점들". 《통역과 번역》, 26(3), 125-151쪽, https://www.kci.go.kr/kciportal/ci/sereArticleSearch/ciSereArtiView.kci?sereArticleSearchBean.artiId=ART003145405

이주리애 외(2025). “통역사의 AI 활용 및 인식: 국내 통역사의 설문 조사를 중심으로”. 《T&I Review》, 15(1), 7-39쪽, https://www.kci.go.kr/kciportal/ci/sereArticleSearch/ciSereArtiView.kci?sereArticleSearchBean.artiId=ART003214589

전현주(2017). “4차 산업혁명과 한국의 번역산업 현황 및 통번역 교육의 미래”. 《통번역교육연구》, 15(3), 245-261쪽, https://www.kci.go.kr/kciportal/ci/sereArticleSearch/ciSereArtiView.kci?sereArticleSearchBean.artiId=ART002299625

정유나 외(2025.7.18). “AI 실시간 통역 후 사람이 보완… ‘하이브리드 통역’ 시대 열린다”. 《서울경제》, https://www.sedaily.com/NewsView/2GVED10JV1

최문선(2025). “AI 시대의 통역 서비스 재편: 새로운 통역 유형론에 대한 시론”. 《번역학연구》, 26(2), 169-197쪽, https://www.kci.go.kr/kciportal/ci/sereArticleSearch/ciSereArtiView.kci?sereArticleSearchBean.artiId=ART003214941

Chen, P.(2024.9). The impact of generative AI on the role of translators and its implications for translation education. *Education insights,* 1(2), pp.31-40, https://www.researchgate.net/publication/386118309_The_Impact_of_Generative_AI_on_the_Role_of_Translators_and_Its_Implications_for_Translation_Education

Varga, L. K.(2024). The 2024 Nimdzi 100: Ranking the 100 Largest language service providers. *Nimdzi,* https://www.nimdzi.com/nimdzi-100-2024/

Wyndham A.(2024.5.30). 10 ways translators are using AI in 2024. *Slator,* https://slator.com/10-ways-translators-are-using-ai-in-2024/

진실희

중앙대학교 국제대학원 전문통번역학과 한영전공 주임교수다. 연세대학교 영어영문학(학사)과와 경영대학원(MBA)을 졸업했으며, 한국외국어대학교 통번역대학원에서 통번역학 석사와 박사학위를 받았다. 1999년부터 정부, 연구소, 외국계 기업, 방송, 국제기구를 비롯한 다양한 기관과 국제회의 현장에서 25년 이상 정부대표단 협상, 국제기구 회의 등 수천 건의 통·번역 과제를 수행했다. 2021~2023년 한국통번역사협회(KATI) 회장을 역임했고 2025년 현재 한국번역학회(KATS) 연구이사, 학술지 《T&I Review》와 《통역과 번역》의 편집위원이다. 2020년 한국번역학회(KATS) 정기우수논문상을 받았다. ICT를 활용한 통역 교육과 교육공학이 주요 연구 분야이며, AI 시대에 요구되는 새로운 역량과 교육, 혁신 서비스 개발에 대한 연구논문을 국내외 저널(A&HCI, SSCI, SCOPUS, KCI)에 발표하고 있다. 2018년 중앙대학교 전문통번역학과 교과과정개편사업의 책임연구원으로 4차 산업혁명 시대에 필요한 교과 개편을 주도했다.